KB097493

모든 책이 만만해지는
초간단 독서법

모든 책이 만만해지는

초간단 독서법

사이토 다카시 지음

전지혜 옮김

책밥

모든 책이 만만해지는
초간단 독서법

2020년 10월 15일 1판 1쇄 인쇄
2020년 10월 20일 1판 1쇄 발행
—

지은이 사이토 다카시
옮긴이 전지혜
펴낸이 이상훈
펴낸곳 책밥
주소 03986 서울시 마포구 동교로23길 116 3층
전화 번호 02-582-6707
팩스 번호 02-335-6702
홈페이지 www.bookisbab.co.kr
등록 2007.1.31. 제313-2007-126호
—

기획 권경자
진행 기획부 허주영
디자인 디자인허브
—

ISBN 979-11-90641-20-3 (03190)
정가 14,800원

책밥은 (주)오렌지페이퍼의 출판 브랜드입니다.

이 도서의 국립중앙도서관 출판예정도서목록(CIP)은 서지정보유통지원시스템 홈페이지
(http://seoji.nl.go.kr)와 국가자료종합목록시스템(http://www.nl.go.kr/kolisnet)에서
이용하실 수 있습니다. (CIP제어번호 : CIP2020037829)

이 책을 읽는 순간,
모든 책이
만만해진다.

일러두기

이 책에서 언급하고 있는 작가와 작품은 저작권자의 허락하에 한국어판으로 출간된 도서와 국내 작가를 중심으로 설명하고 있으나 한국어판 도서가 출간되지 않은 경우 원제와 원저자를 밝혀 정리하였다.

만화는 잘 보지만 글자만 있는 책은 도중에 질려 버린다, 책은 읽고 싶지만 읽을 시간이 없다, 책을 사도 쌓아 놓기만 한다……. 이런 기분, 나도 충분히 이해할 수 있다. 그렇다면 어떻게 해야 책 한 권을 다 읽을 수 있을까? 이 책의 출발점은 거기에 있다.

대학에서 학생을 가르칠 때 교사 지망생 중에도 책 읽기를 힘들어하는 학생이 있었다. 초등학생이나 중학생을 가르칠 기회도 있었는데 그때도 책 읽기를 힘들어하는 아이가 꽤 있었다. 그들에게 독서법을 알려주자 '어! 그런 방법도 있구나', '그런 방법이면 해볼 만하다'라고 생각하게 해 독서에 대한 장벽을 낮출 수 있었다.

이 책에서 설명하고자 하는 독서법 중 몇 가지를 소개하자면 다음과 같다. '책은 처음부터 끝까지 순서대로 읽지 않아도 된다', '3장쯤부터 읽어야 좋을 때도 있다', '머리에 들어오는 내용이 30% 정도만 돼도 충분하다' 등이다.

어떠한가? 이 정도면 해 볼 수 있겠다는 생각이 들지 않는가? '처음부터 끝까지 열심히 읽는다', '도중에 그만두지 않는다'와 같은 생각은 지금 당장 버려도 된다. 애초에 '책을 읽기 힘들다'와 '책 읽기를 싫어한다'는 본질적으로 다르다. 모두 부정적인 인상이라서 비슷해 보일 수도 있지만 실상은 전혀 다르다.

책 읽기를 힘들어하는 사람은 '책을 읽고 싶다'는 마음과 '좀처럼 진도가 안 나간다'는 상반된 마음을 느낀다. 이런 점에서 책 읽기를 싫어하는 사람과 다르다. 이 책을 선택한 당신은 '책 읽기를 싫어하는 것'이 아니라 어디까지나 '책 읽기가 힘든' 사람일 뿐이다. 그렇지 않으면 책 읽는 방법을 배우기 위해 이 책을 고르지도 않았을 것이다.

세상에는 한평생 책을 처음부터 끝까지 다섯 권도 못 읽는 사람이 많다. 미국의 대형 출판사에 따르면 '구매한 책 중 95%를 끝까지 읽지 못 한다'고 한다. 하지만 중간까지 읽으려고 했다면 그나마 낫다. 왜냐하면 '구매한 책 중 70%는 아예 펼쳐보지도 않기' 때문이다.

-로리 바덴, 《꿈을 이룬 이가 오늘을 사는 그대에게(Take the Stairs)》 중에서

정도의 차이는 있겠지만 우리도 크게 다르지 않다. 세상에는 독서에 관한 책이 많이 있지만 대부분은 '책 읽기 좋아하는 사람'을 대상으로 삼는다. 책 읽기를 좋아하는 사람을 위해 독서의 묘미나 즐기는 방법을 다루므로 책과 거리가 멀거나 책 읽기를 힘들어하는 사람에게는 적합하지 않다. 그래서 이 책은 그런 사람들을 위해 만들어졌다.

이 책의 목표는 바로 '책 읽기를 두려워하지 않는 것'이다. 오랜 기간에 걸쳐 축적해 온 '책을 전략적으로 읽는 기술'을 가능한 쉽게 이해하고 적용할 수 있도록 어려운 내용은 제외하고 썼다. 또 이 책의 마지막 부분에 적용하는 방법도 소개했으니 여러분도 함께 도전해 보기 바란다.

서론은 이쯤에서 끝내고자 한다. 여러분이 '이 책을 시작으로 책한 권을 다 읽는다는 느낌을 알게 되었다!'라고 느낀다면 그 이상 기쁜 일은 없을 것 같다. 독서에서 가장 중요한 것은 단순히 문장을 읽는 것이 아닌 '즐겁게 읽기'다. 지금부터 그 방법을 알아보자.

차례

적용하기   세 단계 만에 장편 고전도 읽을 수 있다

책을 효율적으로 읽는 방법

소소한 성공을 쌓아 나가자 01

긴 문장을 읽기 힘들어하는 사람이라면 우선 초단편 소설을 읽으며 책을 끝까지 읽을 수 있다는 자신감을 먼저 얻어야 한다. 초단편 소설은 단편 소설 중에서도 특히 분량이 적은 소설을 말한다. 2,000자 내외의 짧은 이야기인 초단편 소설은 단 몇 분 만에 읽을 수 있다. 그리고 ○○ 단편집, △△ 초단편 모음집, ×× 초단편 걸작선이라는 이름으로 몇 가지 이야기를 한 권 안에 엮어 놓은 경우가 많다.

한 가지 단언하고 싶은 이야기가 있다. 단편 모음집 중에서 한 가지 이야기만 읽고도 책 한 권을 다 읽었다고 여겨도 상관없다는 것이다. 각각 독립된 작품이므로 그렇게 말해도 문제가 될 부분은 없기 때문이다. 처음에는 '이래도 되나?' 하는 생각이 들 수 있지만, 그래도 괜찮으니 우선 소소한 성공을 쌓아나가 보자.

가르쳤던 제자 중에 책을 거의 읽어 본 적 없다는 학생이 있었다. "교수님, 책을 읽고 싶은데 무엇을 읽으면 좋을지 전혀 모르겠어요"라고 하길래 그 학생에게 "아쿠타가와 류노스케의 단편집을 읽어 보면 좋아. 단편집 한 권에 20편의 작품이 들어 있으니까 다 읽으면 '20권을 읽었다'라고 말할 수 있거든"이라고 조언해 준 적이 있다.

문호의 작품은 읽기 어려울 것이라는 이미지가 있지만, 생각보다 어렵지 않다. 며칠 후, 그 학생이 아쿠타가와의 단편을 다 읽고 왔다고 하길래 다른 학생들 앞에서 책을 읽은 감상을 한번 발표해 보라고 했다. 그러자 자신의 경험에 비춰 아주 유쾌하게 감상을 발표하는 게 아니겠는가! 그 발표 내용에 빠져서 '나도 그 책을 읽어보겠다', '나도 읽어보고 싶다'는 학생들이 있을 정도였다.

국내 웹사이트 '공유마당(https://gongu.copyright.or.kr/gongu/main/main.do)'에서는 저작권 보호기간이 지난 저작물을 무료로 읽을 수 있는데, 이 사이트에는 단편이 한 작품씩 등록되어 있다. 그중에서 5분 만에 읽을 수 있는 작품은 오가는 지하철이나 버스에서, 혹은 약속 시각까지 남은 자투리 시간을 이용해서 읽기 좋다. 우선은 아주 짧은 이야기로 '끝까지 읽어 내는 감각'을 익혀 소소한 성공부터 쌓아나가 보자.

끝까지 읽을 수 있다는 자신감부터 불어넣어 보자

자투리 시간을 이용하자

'분량이 적다고 해도 문호의 작품은 선뜻 손이 가지 않는다'고 말하는 사람이 있다.

그러면 호시 신이치 작가의 작품을 읽어 보는 건 어떨까? 호시 신이치는 SF 작가이자 소설가로 유명한 사람이다. 1,000편 이상의 작품을 남겼는데 그중에서도 3분 만에 다 읽을 수 있는 작품이 많다. 문장이 아주 짧고 기승전결도 확실하며 기묘한 아이디어와 의외의 결말로 재미를 준다는 특징이 있다.

국내 작가들의 초단편 소설을 감상할 수 있는 웹사이트(예를 들어, 판다플립)에 올라와 있는 조남주 작가의 〈늙은 떡갈나무의 노래〉도 추천한다. 두 페이지 만에 완결되는 이 작품은 2분 만에 읽을 수 있을 정도로 짧아서 언제 어디서든 자투리 시간을 이용해 읽을 수 있다.

초단편 모음집은 각각 독립된 작품의 집합체이므로 굳이 처음부터 끝까지 순서대로 읽을 필요가 없다. 그때그때 기분에 따라 읽고 싶은 이야기부터 읽으면 된다. 다 읽은 이야기는 볼펜 등으로 표시하며 꾸준히 읽어나가 보자.

초단편으로 시작해 책 읽기에 서서히 적응하는 작업은 등산가가 높은 산에 도전하기 앞서 해발고도가 낮은 지점부터 높은 지점으로 서서히 오르며 몸을 고도에 적응시키는 작업과 같다. '초단편 → 단편 → 중편 → 장편'이라는 순서대로 서서히 적응해 가면 끝에는 장편도 끝까지 읽을 수 있을 것이다.

높은 산에 도전하듯이 서서히 장편을 향해 나아가자

오디오북을 들으면서 읽자

03

책 읽기를 힘들어하는 사람뿐만 아니라 책 읽기를 좋아하는 사람에게도 추천하고 싶은 방법이 있는데, 바로 낭독을 들으면서 책을 읽는 방법이다. 낭독하는 목소리가 마치 언덕을 오를 때 등을 밀어 주는 손처럼 책의 마지막 부분까지 독서의 길을 안내해 주기 때문이다.

마라톤에서는 3시간에서 4시간 동안 결승점까지 선수를 이끌어 주는 페이스메이커가 같이 달리기도 한다. 낭독을 들으면서 책을 읽으면 마치 페이스메이커가 이끌어 주는 듯한 효과를 볼 수 있다. 이를 통해 분량이 많은 책도 끝까지 읽는 감각을 익힐 수 있으며 빠르고 확실한 효과를 얻을 수 있다.

예전에는 카세트북이나 CD북이 일반적이었다면, 최근에는 인터넷에서 작품을 검색해 음성 데이터를 내려받는 '오디오북'이 주류가 되었다. 스마트폰에 내려받아 오가는 길이나 카페에서 장소에 구애받지 않고 들을 수 있다. 오디오북 웹사이트인 '네이버 오디오북(https://audioclip.naver.com/panels/audiobook)', '스토리텔(https://www.storytel.com/kr/ko/)' 등에서는 여러 분야의 책을 만나 볼 수 있고 주제별로 나뉘어 있어서 책을 선정하는 데도 참고하기 좋다.

낭독을 들으면서 책을 읽는 방법은 문장을 눈으로만 좇는 보통의 독서와 느낌이 조금 다르다. 내용이 귀에 들어오면 눈으로만 책을 읽을 때보다 내용을 머릿속에 쉽게 떠올릴 수 있어 작품 세계에 빨리 빠져들 수 있다.

이는 라디오를 듣는 감각과 비슷하다. 라디오의 야구 중계에서 "○○ 선수가 쳤습니다! 멀리 날아갑니다! 멀리 날아갑니다!" 같은 말을 들으면 구장의 규모나 공의 궤도를 쉽게 떠올릴 수 있는 것과 같다. 오디오북을 들으면 이와 비슷한 경험을 체험할 수 있다. 음성과 글에 의지하여 눈에 보이지 않는 상황을 상상하는 것은 상당히 설레는 체험이다.

107페이지에서 다시 말하겠지만, 독서와 음악은 궁합이 잘 맞는다. 낭독은 '목소리로 하는 연주'라고도 불리는데 그 연주에 이끌려 눈으로 문장을 좇아가다 보면 한 권을 다 읽는 경험을 쉽게 해 볼 수 있다.

히구치 이치요(일본 지폐 5,000엔에 그려져 있는 인물)의 《키재기》처럼 문장을 읽기보다 낭독을 들어야 쉽게 이해할 수 있는 작품도 있다. 한 문장이 쉼표(,)로 연결되어 있고 마침표(.)로 끊어진 부분 없이 매우 긴 문장이 특징이다. 또 대화 부분에 따옴표가 없어서 누가 말했는지 쉽게 파악하지 못할 수도 있다. 그런 문장의 특징을 낭독자가 보충해 줌으로써 쉽게 이해할 수 있다.

낭독의 도움을 받아 책을 끝까지 읽어 보자

낭독이 책을 끝까지
읽을 수 있도록
도와준다.

영화를 본 후 원작을 읽자

04

책 한 권을 끝까지 읽으려면 줄거리나 결과를 어느 정도 예상할 수 있는 책을 읽어 보는 것도 한 가지 방법이다.

'예상된다'라는 말을 조금 어려운 단어로 표현하면 '예정 조화(豫定調和)'라고 하는데 한때 텔레비전에서 방영했었던 일본 시대극 〈미토 고몬(水戸黃門)〉(주인공 미토 미쓰쿠니가 전국을 떠돌며 악당을 물리치고 정의를 구현하는 텔레비전 사극−옮긴이)을 예로 들어 보자.

드라마의 하이라이트에서 미토 고몬이 여정 중에 악당으로부터 약자를 구하며 "엎드려라! 이 가문의 문장이 안 보이느냐!"라며 접시꽃 세 개가 그려진 인롱(도장 등을 넣을 수 있는 통−옮긴이)을 들어 올리며 고몬의 정체를 밝히는 장면은 어느 정도 예상되는 줄거리였다.

애니메이션 중에서 일본의 〈마루코는 아홉 살〉이나 우리나라의 〈검정 고무신〉과 같은 애니메이션도 마찬가지다. 익숙한 등장인물이 나오고 비슷비슷한 이야기가 펼쳐지지만, 예상대로 진행되는 만큼 안심하고 즐길 수 있다.

그렇다면 예상 가능한 책이란 도대체 무엇일까? 가장 접근하기 쉬운 책은 바로 영화의 원작이다. 당연하게도, 영화를 본 후에 원작을 읽으면 이미 줄거리를 알고 있어서 술술 잘 읽힌다.

영화를 보고 감동하면 그 길로 서점에 가서 원작을 구매해 읽어 보자. 감동의 여운이 아직 남아 있는 상태에서 원작을 읽으면 책을 읽고 싶은 의욕이 생겨 페이지도 술술 잘 넘어간다. '결정적인 장면이나 결말까지 다 알고 있는데 다시 원작을 읽는다고 재미있겠어?' 이런 의문도 생길 수 있겠지만, 영화를 보더라도 원작을 충분히 즐길 수 있다.

왜냐하면 원작을 즐기는 포인트는 심리 묘사에 있기 때문이다. 즉 등장인물 심리의 움직임을 즐기는 것이다. 세세한 심리 묘사는 영화(영상)보다 책(글)이 더 뛰어나다. 실제로 영화를 본 후에 원작을 읽고 등장인물이 더 좋아졌다고 느끼는 사람이 많은 이유도 이 때문이다. '그 장면에서 주인공은 어떤 기분이었을까?'와 같은 부분을 상상하며 정답을 찾아낸다는 생각으로 읽으면 이야기의 세계에 조금 더 깊이 빠져들 수 있다.

줄거리를 예상할 수 있는 책을 읽으면 술술 잘 읽힌다

소리를 내서 읽자

대학에서 《죄와 벌》을 교재로 수업을 했던 적이 있다. 《죄와 벌》은 러시아의 대문호인 도스토옙스키의 대표작이자 세계 명작으로 손꼽히는 장편 소설이다.

책을 모두 읽었다는 것을 전제로 수업을 시작했지만 대부분이 읽지 않은 상태였다. 그래서 수업 초반에 이런 말을 했다. "아마 책을 전혀 읽지 않은 사람도 있을 텐데 걱정할 필요 없습니다. 자, 506페이지를 펼쳐 보세요." "네? 거의 끝부분인데요……?"라며 곤혹스러워하는 학생들의 모습을 보고도 못 본 척했다. 그리고 알려 준 페이지부터 7~8페이지를 모두 함께 소리 내서 읽게 했다.

소리 내서 읽은 부분은 소설의 결정적인 장면으로, 살인죄를 지은 주인공 '라스콜니코프'가 '소냐'라는 매춘부에게 살인을 고백하고 소냐가 '함께 십자가를 짊어지자'라며 그에게 답하는 감동적인 부분이다. 속수무책인 청년 살인자를 받아들이는 소냐의 자애로움. 그 정신에 심금을 울리는 장면이다.

그런 결정적인 장면을 소리 내서 읽으면 학생들은 감탄할 정도의 감동에 휩싸인다. 그러면 기회를 놓치지 않고 이렇게 말한다. "이제 여러분은 《죄와 벌》을 모두 읽은 것이나 마찬가지입니다. 이 책을 읽은 적이 있다고 말해도 됩니다. 어떤 일에 실패한 사람이 주변에 있다면 '기죽지 않아도 돼. 함께 십자가를 짊어지자'라고 한번 말해 보세요."

이 수업의 특징은 가장 먼저 결정적인 장면을 소리 내서 읽음으로써 흥미를 일으킨 후 이야기를 거슬러 올라가 책을 읽는 것이다. 소리 내서 읽으면 속으로 읽을 때보다 문장의 깊이를 더 잘 느낄 수 있다. 그러니 결정적인 장면부터 몇 페이지를 소리 내서 읽은 후 처음으로 돌아가 읽어 보기를 바란다.

어떤 내용이든 속으로 읽은 것은 3년 정도 지났을 때 상당 부분 잊어버리지만, 결정적인 장면을 소리 내서 읽으면 다른 사람에게 이야기할 수 있을 정도로 인상에 남는다. 해외여행에서 해당 도시의 가장 좋은 장소만 천천히 걷고 와도 '그 도시에 갔던 적이 있다'라고 말할 수 있는 것처럼 소리 내서 읽기는 찬찬히 살펴볼 수 있는 '도보 여행', 속으로 읽기는 '버스 여행'에 비유할 수 있다.

결정적인 장면만 소리 내서 읽어도
책을 다 읽은 기분을 느낄 수 있다

2장

책을 고르는 기본적인 방법

관심 있는 주제로 선정하자

06

'어떻게 읽을지'만큼 '무엇을 읽으면 좋을지'를 모르는 사람이 많다. 우선 관심 있는 주제가 무엇인지부터 생각해 보아야 한다. 구체적으로는 '관심 있고 잘 아는 주제'와 '잘 모르지만 관심 있는 주제'를 생각해 보자. 당연한 이야기일 수 있지만 관심 있고 잘 아는 주제의 책은 끝까지 읽을 가능성이 크다. 기초적인 지식이 있으므로 읽을 때 부담이 적고 관련 지식을 더 얻고 싶다는 지적 욕구도 생기기 때문이다.

축구에 흥미가 있고 잘 안다면 우선 축구 관련 책을 선택해보자. 요한 크루이프의 《아름답게 승리하자(The ABC of an Obstinate Maestro)》나 《마라도나 자서전(Yo Soy el Diego)》처럼 꽤 두껍더라도 쉽게 읽을 수 있는 책이 좋다. 소설은 잘 읽지 못하지만,

경마는 좋아하는 사람이라면 장애물 경주의 기수였던 영국 소설가 딕 프랜시스의 《홍분》, 《경마장 살인 사건》 등 경마를 주제로 한 작품을 추천한다.

단, 잘 아는 주제의 책만 선택하면 지식의 폭뿐만 아니라 생각의 폭도 좁아지므로 잘 모르지만 관심 있는 주제의 책도 꼭 도전해 보기 바란다.

예를 들면 역사는 잘 모르지만 역사에 관심이 있는 사람은 역사 관련 서적을 읽어 보자. 역사도 분야가 다양하므로 '고려시대', '근현대'처럼 시대를 나눠 가장 관심 있는 시대부터 책을 읽어 보면 쉽게 빠져들 수 있다. 단행본으로 나온 시대 소설을 선택해도 좋고 특화된 주제의 신간을 선택해도 좋다.

시대 소설에 쉽게 빠지려면 《노보우의 성》(와다 료)(한국에서 〈무사 노보우: 최후의 결전〉이라는 이름으로 영화 개봉 – 옮긴이)이나 《굴하지 말고 달려라》(도바시 아키히로) 등이 있다. 영화화된 책이라면 영화를 보고 읽는 것도 좋다.

처음 읽는 책이라면 난이도가 조금 높다고 느낄 수 있지만, 관심 있는 분야라면 생각보다 쉽게 빠져들 수 있을 것이다. 익숙

책을 고르는 기본적인 방법

해지면 관심 있고 잘 아는 주제와 잘 모르지만 관심 있는 주제를 각각 세 가지씩 선택해 보자. 업무, 가정, 취미 중에서 관심 있는 내용을 선택하는 것도 한 가지 방법이다. 업무 관련 서적을 선택할 때도 '기획 감각을 키우고 싶다'거나 '회계를 배우고 싶다' 등 자신의 업무 관심도에 따라 책을 찾을 수도 있다.

실패해도 괜찮다는 생각으로 책을 선정해 보자. 도중에 읽기 싫어지더라도 죄책감 느낄 필요가 전혀 없다. 책을 끝까지 읽는 행위에 과도하게 집착하면 스트레스가 쌓일 수 있다. '바로 이 책이야!'라고 생각하며 샀더라도 읽어 보니 재미가 없거나 문체가 맞지 않는 일은 많은 사람이 겪는 부분이다. 그렇다고 해서 돈과 시간을 허비했다고 생각할 필요도 없다. 책을 끝까지 읽지 못했다고 해도 좋아하는 책을 고르는 감각을 키워 나갈 수 있기 때문이다.

우선은 잘 아는 분야부터 공략하자

관심 있는 저자로 선정하자

'관심 있는 주제 중에서도 무슨 책을 골라야 할지 전혀 모르겠어……'라며 머리를 싸매는 분도 있을 수 있다. 그렇다면 관심 있는 주제가 아니라 관심 있는 작가를 한 번 떠올려 보자. '이 사람이 쓴 이야기라면 읽어 보고 싶다'라거나 '이 사람이 쓴 이야기는 왠지 재밌을 것 같다'라고 느끼는 사람이 있을 것이다.

예를 들어 요즘 활발히 활동하고 있는 설민석 작가는 어떨까? 설민석 작가는 다양한 분야의 지식을 갖고 있어 여러 교양 프로그램에도 많이 출연하고 작가로도 활발히 활동한다. 그는 역사를 전공했지만 이해하기 어려운 정치나 경제 이야기도 쉽고 흥미롭게 설명해 준다. 설민석 작가의 책이 많이 팔리는 이유는 그의 해설이 이해하기 쉽고 텔레비전 방송에서 전달되는 그의 신뢰감과 전달력을 많은 사람이 공감하기 때문일 것이다.

어느 대학의 교수가 쓴 역사 관련 서적이라고 하면 왠지 어렵겠다는 생각이 들 수 있지만, 같은 책도 설민석 작가가 썼다고 하면 이해하기 쉽게 설명해 줄 것이라는 기대를 할 수 있다. 어떤 말투로 어떻게 설명해 줄지 이미 알고 있으니 책을 읽을 때도 그 이미지가 떠올라서 쉽게 읽을 수 있는 것이다.

마찬가지로 텔레비전 방송을 보면서 관심 있는 저자를 쉽게 찾을 수 있다. 좋아하는 드라마의 원작자가 소설가일 수도 있고, 예능 프로그램에 독서를 좋아하는 연예인으로 출연한 방송인이 책을 쓰기도 한다. 위와 같은 계기를 통해 책을 읽어 보는 것도 좋은 방법이다. 이런 방식으로 관심 있는 작가 세 명을 선택해 보자.

제자 중에는 아버지가 텔레비전 교육 방송에 나온 책을 사서 읽는 모습을 보고 자신도 그 책에 관심이 생겨서 읽기 시작했다는 경우도 있다. 책의 내용을 소개하거나 어려운 부분에 대해 부가적으로 설명해 주기도 하고 다양한 의견을 교환하는 미디어 방송도 계속해서 나온다.

이러한 간접적인 계기도 있을 수 있으니 일상의 다양한 행동 속에 독서 안테나를 세워 두면 분명 좋은 결실을 볼 수 있을 것이다.

텔레비전 방송에 나온 작가의 책을 선정해 보자

책을 고르는 기본적인 방법

독서 안테나를 세우자

읽고 싶은 주제나 저자를 선정했다면 얼른 서점에 가보라고 하고 싶지만 그 전에 준비해야 할 것이 있다. 바로 책장이다. 자신만의 책장이 있으면 독서 안테나가 활발히 작동할 수 있기 때문이다.

어느 초등학생은 어린 시절부터 집이 온통 책장으로 둘러싸여 있었다고 한다. 심지어 복도나 화장실까지 책으로 가득해서 눈에 띄는 책을 발견하면 바로 펼쳐 봤고 그 덕에 자연스럽게 책이 좋아져 초등학생이 된 후부터는 도서관에서 살다시피 했다고 한다.

집에 책장이 없다면 우선 책장부터 사라고 지도해 주고는 한다. 스마트폰으로 중고 거래를 할 수 있는 '중고나라', '당근마켓'과 같은 애플리케이션을 이용해 저렴하게 구입해도 좋으니 먼저 책장을 준비해 보자.

이 조언을 듣고 책장을 구매한 학생이 "교수님, 책장이 점점 채워지고 있어요!"라며 흥분한 기색으로 자신의 상황을 알려 줬던 적도 있다. 참고로 나는 대학생 시절부터 1년마다 책장을 하나씩 늘리기로 결심해 지금까지 실행 중이다.

또 이렇게 지도하기도 한다. "읽지 않아도 좋으니 도스토옙스키의 《죄와 벌》을 책장에 꽂아 두십시오." 세상에는 두 종류의 집이 있는데, 명작인 《죄와 벌》이 책장에 있는 집과 그렇지 않은 집이다. 설령 읽지 않더라도 책장에 《죄와 벌》이 있는 집이 멋있고 문화적으로 보이지 않을까? 문화 수준 향상을 위해서라도 학생들에게는 우선 《죄와 벌》을 사서 책장에 꽂아 두라고 한다.

참고로 내 책장은 일반 책장보다 깊이가 있다. 안쪽에는 높이가 높은 책, 바깥쪽에는 높이가 낮은 책을 배치하면 뒤쪽에 있는 책이 가려지지 않아 효율적으로 수납할 수 있다.

책을 고르는 기본적인 방법

책장에 꽂혀 있는 책등만 봐도 자신이 어떤 분야에 관심이 있는지 알 수 있다. 이처럼 자신만의 책장에 독서 이력이 시각화되어 있으면 독서 안테나가 활발히 작동하게 되고 '책장을 조금 더 채워나가 보자'라는 동기 부여가 쉽게 이루어진다.

자신만의 책장을 채우며 독서 안테나를 작동시키자

추천하는 책부터 읽자

인터넷 서점에서 책을 살 수 있게 되면서 동네 서점의 수가 많이 줄었다. 그래도 동네 서점을 방문해 보기를 추천한다.

내 경우를 예로 들면, 나는 서점에 들어가자마자 우선 문고본 코너나 신간 코너로 향한다. 왜냐하면 가격이 비교적 저렴해 설령 책 선택에 실패하더라도 금전적인 위험 부담이 적기 때문이다.

특히 문고본은 신간도 있지만, 단행본으로 발행되어 이미 어느 정도 팔렸던 책이 몇 개월이나 몇 년 후에 문고본으로 제작되는 경우가 일반적이다. 모든 책이 문고본으로 제작되는 것이 아니라 이른바 '선택받은 책'만 문고본으로 제작되므로 좋은 책일 확률이 높다.

또 서점 판매대에 표지가 보이도록 쌓아 놓은 책에 주목해 보자. 책장에 꽂아서 책등만 보이는 책보다 눈에 띄도록 표지가 보이게 쌓아 놓은 책은 잘 팔리는 책이거나 서점 직원이 추천하는 책이다. 즉 이 또한 선택받은 책일 가능성이 크다.

표지가 보이도록 쌓여 있는 책을 둘러본 후, 표지 제목을 봤을 때 재미있어 보인다고 느낀 책을 펼쳐 보자. 책장을 술술 넘겨서 문장과 느낌이 자신과 맞을 것 같다는 생각이 들면 구매하기 바란다. 복잡하게 생각하지 않고 우선 첫인상의 직감으로만 판단하는 것이 중요하다. '한 권만 고르라면 어떤 책을 선택해야 할까'라는 생각으로 고르면 자신에게 맞는 책을 쉽게 찾을 수 있다.

그래도 선택에 자신이 없다면 책 마지막이나 첫 페이지를 한번 살펴 보자. 발행 연월일 등이 기재된 '판권'이라는 페이지가 있다. 꽤 예전에 간행된 책이거나 몇 번씩 증쇄한(예를 들면 '5쇄'라고 쓰여 있는) 책을 선택해 보자. 그러한 책은 오랫동안 팔리는 '스테디셀러'라 불리는 책이므로 책 선택에 실패할 확률이 낮다.

책을 고르는 기본적인 방법

그런 식으로 문고본과 신간 코너를 한 바퀴 돌아보면 대략 3~5권 정도는 본인과 잘 맞는 책을 찾을 수 있을 것이다. 그 책들을 다 구입해도 되고 엄선해서 한 권만 사도 된다.

표지가 보이도록 쌓아 놓은 책 중에서 골라 보자

동네 서점을 둘러보자

동네 서점의 장점은 예정대로라면 사지 않을 책이나 전혀 예상하지 못했던 책을 우연히 만날 수 있다는 점이다. 수많은 실물 책이 진열된 오프라인 서점에서는 평소에 관심 없었을 법한 책뿐만 아니라 예상하지 못했던 책과 우연히 만날 일(세렌디피티)이 생긴다.

서점을 둘러보는 일은 결국 지식 보물찾기와 같다. 자신이 지금 어떤 일에 관심이 있는지를 깨닫게 되어 관심 영역이 점점 넓어진다.

서점마다 추천하는 책과 책을 진열하는 방법이 다르다. 그래서 여러 서점을 다니며 비교만 해 봐도 새로운 깨달음을 얻을 수 있다. 서점을 찾는 고객의 연령대나 성향에 따라 베스트셀러, 추천 도서, 진열이 다 다르다. 게다가 같은 동네의 가까운 곳에 자리한 서점끼리도 베스트셀러나 추천 도서의 진열 방식이 상당히 다르다.

인터넷 서점은 실제 진열 장소가 필요 없으니 무한한 공간에 해당하지만, 오프라인 서점은 점포 면적이 한정적인 공간이므로 상품 진열에 불리한 면이 있을 수 있다. 대신 선택지의 폭을 공간의 너비로 체감할 수 있다.

서점에 직접 가서 실물 책을 손에 쥐고 내용물을 읽으면 인상에 더 많이 남는다. 농담 삼아 서점은 입장료를 받아도 된다고 할 수 있을 정도로 내부를 둘러보기만 해도 상당히 의미가 있다.

물론 인터넷 서점에서도 관람 및 구매 이력이 반영된 미지의 책과 만날 기회는 있다. 인터넷 서점에서도 관람 및 구매 이력들을 바탕으로 '이 상품을 확인한 사람은 이런 상품도 함께 확인했습니다'와 같이 관련 서적을 함께 표시해 준다.

전하고자 하는 바는 어느 쪽이 더 좋다는 이야기가 아니다. 컴

퓨터나 스마트폰으로 쉽게 접근할 수 있는 온라인 서점뿐만 아니라 오프라인 서점에도 발길을 돌려서 함께 둘러보기를 권하고 싶을 뿐이다.

오프라인 서점에서 우연한 만남을 즐겨 보자

베스트셀러를 고르자

무슨 책을 읽을지 고민될 때는 지금 판매하는 베스트셀러를 읽는 것도 좋은 방법이다. 간단히 말해 많은 사람이 읽는다는 이유만으로 베스트셀러를 읽어 보는 것이다. 유행하는 책을 읽으면 대화할 소재가 생긴다는 점도 큰 이유 중 하나다.

2016년에 〈신 고질라〉나 〈너의 이름은.〉이 흥행했을 때 곧장 상영관을 찾았다. 〈신 고질라〉 같은 괴수물은 좋아해도 〈너의 이름은.〉 같은 애니메이션은 좋아하지 않았지만, 많은 사람이 보는 흥행 영화는 꼭 보자는 주의이기 때문에 곧바로 행동으로 옮겼다.

그보다 이전인 2014년에 〈겨울왕국〉이 흥행했을 때도 곧장 상영관을 찾았다. 어린이 영화였지만 유행한다는 이유만으로 보러 갔었다. 재미도 있었고 여러 사람과 이에 관해 이야기할 수 있어서 좋았다. 학생, 사회인, 나이와 성별에 상관없이 처음 대면하는 사람과도 이야기꽃을 피울 수 있을 정도의 영향력에 놀랐다.

마찬가지로 베스트셀러는 대략적인 내용만 알아도 학교나 직장, 거래처에서 대화 소재로 사용할 수 있다. "어? 그 책 읽었어요?" "읽었어요. 그 빨간색 표지로 된 책 말씀하시는 거죠?" "네, 맞아요!" 이 정도의 가벼운 대화라도 충분히 공감할 수 있으니 우선 베스트셀러를 선택하면 손해 볼 일은 없다.

베스트셀러라고 해서 반드시 좋은 책이라고 볼 수는 없다. 하지만 '왜 이 책이 잘 팔릴까?'라는 의문을 던지고 그 부분을 생각하면서 읽고 난 뒤 자기 나름의 결론을 다른 사람에게 전달하다 보면 사고력과 독파력을 키울 수 있다.

베스트셀러를 읽어서 대화 소재로 삼아 보자

눈길이 가는 책을 고르자

12

책의 표지가 마음에 들어서 구매하는 것도 좋다. 그렇게 하면 미지의 장르와의 우연한 만남을 계기로 자신의 호기심 범위를 넓힐 수 있다.

2007년 일본에서 출간된 다자이 오사무의 《인간 실격》의 표지가 《데스노트》의 만화가인 오바타 다케시의 일러스트로 꾸며지면서 그해 3개월 만에 10만 부를 돌파하는 이례적인 판매고를 기록했던 적이 있다. 당시 제자들에게 '이 표지로 된 책을 산 사람이 있나?'라고 물었더니 예상외로 많은 학생이 손을 들어서 놀랐던 기억이 있다.

《인간 실격》은 저자가 세상을 떠난 지 50년이 지나 저작권 보호 기간이 소멸되어 무료로 읽을 수 있는 작품이다. 물론 여러 출판사의 《인간 실격》을 구매한 학생도 있었고 《인간 실격》이나 이 책의 작가에 전혀 관심이 없는데도 이 책을 구입한 학생도 있었다. 이는 표지의 힘이다.

오바타 다케시가 그린 표지 일러스트에는 《데스노트》의 주인공처럼 보이는 남자가 교복을 입고 불길한 웃음을 지어 보이며 앉아 있는데 일본에서 출간된 《인간 실격》 주인공의 어두운 세계관을 절묘하게 표현한다. 이것이 독자의 뇌리에 강렬하게 박혔고 작품으로 끌어당긴 셈이다.

표지 디자인뿐만 아니라 본문에 게재된 삽화도 중요하다. 글자만 읽으면 도중에 지치기 마련이다. 문장을 읽고 장면들을 상상하기 위해 뇌 에너지를 소모하기 때문이다. 이때 삽화가 있으면 상상력에 도움을 준다.

한때 '소년소녀 세계문학전집'과 같은 시리즈에는 이미지를 떠올릴 수 있도록 삽화가 게재되어 있었다. 이야기가 삽화와 함께 떠오른다는 사람도 많이 있을 정도다. 일본판 에도가와 란포 추리물 시리즈는 삽화가 굉장히 분위기 있다. '이 일러스트 왠지 분위기 있다', '삽화를 보기만 해도 마음이 편안해진다'와 같은 이유로 책을 선택한다고 해도 문제가 될 것은 없다. 오히려 책을 끝까지 읽을 확률이 높아진다.

표지가 마음에 들면 구매해 읽어 보자

3장

책을 고르는 구체적인 방법

차례를 보고 고르자

책을 선택하는 방법을 더 자세히 알아 보자. 서점을 둘러보다가 표지가 보이게 쌓여 있는 책을 보고 책의 제목과 표지 디자인에 빠졌다면 차례 페이지를 한 번 펼쳐 보자. 차례는 그 책의 설계도이자 전체를 간단히 정리한 축소도와 같다. 독자의 흥미를 불러일으킬 만한 친절한 단어로 차례를 알려 준다고 할 수 있다.

차례를 보고 꽂히는 소제목이 있다면 그것만으로도 책을 샀을 때 손해 보지는 않을 것이다. 다시 말해 마음에 와닿거나 다른 사람에게 말해 주고 싶은 소제목이 있다면 구매하기 바란다.

반대로 빠져들기 힘들 것 같은 인상을 준다면, 저자나 편집자가 불친절하거나 내용을 제대로 정리하지 않았거나, 또는 그 두 가지 모두에 해당할 수 있다. 그런 책은 읽다가 도중에 그만 둘 가능성이 크므로 저자나 편집자 탓을 하며 신속히 손에서 놓기 바란다.

최근에 나오는 책, 특히 자기계발서나 실용서는 강한 제목이 많다. 이러한 제목에는 저자나 편집자의 열의가 잘 표현되어 있다. 이런 책의 차례라면 어떤 내용을 어느 정도의 깊이까지 다루는지, 무엇을 주장하는지 일목요연하게 정리되어 있을 것 이다. 물론 궁금증만 자아내는 겉만 번지르르한 책도 있다. 기 본적으로 차례를 보면 자신과 맞을지를 쉽게 판단할 수 있다.

학자는 크게 '어려운 내용을 알기 쉽게 쓰는 사람'과 '어려운 내 용을 그대로, 이해하기 어렵게 쓰는 사람'으로 나뉜다. 학생을 지도하는 나와 같은 사람이 이해하기 어렵게 글을 쓰려 한다 면 이는 저자의 태만이라고밖에 볼 수 없다. 학자에게는 당연 할 수 있는 글이라도 읽는 사람에게는 이해하기 힘든 경우가 많다.

아무리 뛰어난 내용이라도 그 내용이 전달되지 않으면 의미가 없으므로 이런 배려 없는 모습을 차례에서 느꼈다면 깔끔하게 손을 털어 버리자. 간결하고 이해하기 쉽게 글을 쓰는 저자는 어려운 주제를 다루더라도 차례를 읽었을 때 대략적인 내용이 머릿속에 쉽게 들어오도록 신경을 쓴다. 그러니 한눈에 들어오는 차례로 이루어진 책을 고르기 바란다.

차례를 통해 책의 역량을 확인해 보자

차례는 그 책의 기본적인 부분을
간단히 정리한 것으로 좋은 책은
그 책이 어떤 책인지
차례에서 분명히 알려 준다.
어려운 내용도 쉽게 알려 주는 책이
진정으로 실력을 키울 수 있는
책이다!

머리말을 보고 고르자

제목과 차례에 주목해서 책을 찾았다면 다음은 머리말이다. 책의 초반에는 보통 머리말이나 프롤로그가 있다. 독자를 꾀는 부분인 셈이다. 뛰어난 머리말에는 그 책의 결론이 쓰여 있다. '간단히 말해 이 책에서 말하고 싶은 내용은 이것이다'라는 식으로 내용을 전한다. 좋은 책은 내용이 간결하다.

머리말만 읽어도 내용을 다 파악한 것 같은 기분이 들게 하는 책이 좋은 책이다. 초반에 내용을 다 파악한 기분이 들면서 다음 내용을 읽을수록 계속해서 재미를 주는 좋은 책은 그런 흡입력을 지니고 있다.

머리말부터 감질나게 하는 책은 좋은 책이 아니다. 무엇을 말하고자 하는지 알 수 없는 머리말을 읽으면 답답해진다. '이 책은 재미있다', '굉장하다'라는 자랑만 잔뜩 늘어놓고 어떤 내용인지 전혀 알려 주지 않는 머리말로 시작하는 책은 끝까지 다 읽어도 내용을 이해하지 못할 가능성이 크다.

문학 작품이면 몰라도 실용서나 교육 서적 등은 내용 전달이 가장 중요하다. 머리말도 좋지만 표지 제목이나 띠지에 결론이 이미 나와 있는 책이 가장 이상적이다. 그래서 제목만 읽어도 대략적인 내용을 알 수 있는 책을 고르면 좋다.

시중에 나와 있는 책 중에《지적 대화를 위한 넓고 얕은 지식》,《미움받을 용기》,《내가 원하는 것을 나도 모를 때》,《당신이 옳다》등은 꽤 좋은 제목으로 평가받고 있다. 제목만 봐도 결론을 다 알 수 있기 때문이다. 이러한 책의 제목 또한 단적으로 내용을 전할 생각으로 지은 것이다. 정리하자면, 앞부분에서 책 내용을 어느 정도 파악할 수 있어야 좋은 책이다.

머리말만 읽어도 내용을 알 수 있는 책을 고르자

책을 고르는 구체적인 방법

책을 고르는 데 도움을 주는 책을 하나 소개하고자 한다. 《죠죠의 기묘한 모험》이라는 책을 쓴 만화가 아라키 히로히코의 작품 《아라키 히로히코의 만화술》에는 만화를 창작하는 데 필요한 비밀이 아낌없이 공개되어 있다.

아라키는 16세에 만화가가 되기로 결심한 후 신인상에 열심히 도전했지만, 줄곧 떨어지기만 했다고 한다. 그 시기 아라키가 가장 두려워했던 것은 그토록 열심히 그린 만화를 편집자가 첫 페이지만 보고 내팽개치는 것이었다고 한다. 원고를 곧바로 봉투에 넣어 되돌려 받는 일은 만화가에게 있어 상당히 충격적인 일이었을 것이다.

그래서 아라키는 인기 있는 만화의 첫 페이지를 철저히 분석하기 시작했다. 어떻게 해야 첫 페이지만 읽고 작품에 빠져들 수 있는지 고민한 결과, 첫 페이지의 그림과 제목, 대사가 중요하다는 결론을 내렸다. 또 재미있는 만화는 그림체가 뛰어나고 제목이 흥미로우며 대사에 마음을 빼앗길 만한 요소가 있어야 한다고 분석했다.

책 초반에 독자를 꾀는 것은 만화뿐만 아니라 소설과 실용서에서도 중요하다. 재미있는 책은 첫 페이지의 흡입력이 아주 뛰어나다. 다음의 문장으로 예를 들어 보고자 한다.

"아뢰옵니다. 아뢰옵니다. 나리. 그 사람은 너무해. 못됐어. 네, 불쾌한 놈입니다. 나쁜 사람입니다. 아아, 참을 수 없어. 살려둘 수 없다고."

어떠한가? 첫 문장부터 "아뢰옵니다. 아뢰옵니다"라고 하니 무언가를 호소하기 위한 긴박감이 느껴지지 않는가? 그리고 '가만둘 수 없습니다'라거나 '살려둘 수 없다고' 등 과격한 표현은 '응? 뭐지? 도대체 무슨 일이 일어난 거야?'라는 생각에 빠지게 만든다. 뒤에 어떤 내용이 나올지 궁금하지 않은가? 이는 다자이 오사무의 단편 〈직소(고소합니다)〉의 서두이고 다자이 오사무는 단편의 명수다.

책 읽기를 힘들어하는 사람은 도입부부터 힘들어하고는 한다. 제목과 차례, 머리말을 참고하면서 책 도입부의 세 줄만이라도 좋으니 읽어 보고 재미있을 것 같은 책을 고르자. 흡입력 있는 도입부는 자전거의 전동 보조 기능과 같다. 처음에 내딛는 발부터 힘을 많이 주지 않아도 페이지가 술술 넘어갈 것이다.

도입부부터 재미있는 책을 읽어 보자

맺음말부터 읽어 보자

16

지금까지 제목, 차례, 머리말 등 도입부 이야기만 다뤘는데 맺음말(에필로그)부터 책을 읽는 방법도 있다.

맺음말에는 저자의 개인적인 생각이 쓰여 있는 경우가 많다. '왜 이 책을 쓰게 되었는지', '쓰는 도중에 어떤 기분이 들었는지', '다 쓰고 나서 어떤 생각이 들었는지' 등 소위 뒷이야기를 알려 주는 글인 셈이다. 이렇게 소소한 인간미를 느낄 수 있는 맺음말부터 읽는 방법도 있다.

'전쟁터로 떠나기 전에 이 원고를 친구에게 맡겼다'라는 맺음말을 읽고 나도 모르게 옷깃을 여미고 책을 읽었던 적이 있다. 마루야마 마사오가 쓴 《일본정치사상사연구》라는 책의 맺음말에 적혀 있던 내용이다.

'이 연구에 내 인생을 바쳤다'라는 저자의 글을 읽었을 때 책을 읽고자 하는 열의가 생기는 타입이라면 꼭 맺음말을 읽고 공감이 가는 책을 읽어 보기를 바란다. 저자에 대한 공감은 책 한 권을 끝까지 읽게 하는 원동력이 될 수 있다.

나의 경우 맺음말이 가장 인상에 남았던 책은 모로하시 데쓰지의 《대한화사전(大漢和辞典)》이라는 한자-일본어 사전이다. 그 책의 맺음말에는 '대화재로 인해 모든 자료가 소실되었다. 반생의 사업은 허무하게도 이제 아무것도 남지 않은 상태가 되었다'라는 일화가 적혀 있었다.

'자료를 소실했다고!? 말도 안 돼!' 나도 모르게 머리가 아찔해졌다. 한때 영어 책을 번역하는 와중에 컴퓨터가 망가져서 원고를 통째로 날렸던 적이 있다. 지금 생각해도 소름이 끼치는 공포 체험이라서 저자의 기분을 조금 이해할 수 있을 것 같았다. 이런 뒷이야기를 통해 저자에게 친근감이 생기고 그 책을 읽을 동기가 생길 수 있으므로 맺음말부터 읽어 보는 것도 한 가지 방법이다.

맺음말에 '호텔의 한 객실에서 이 책을 쓰고 있다'라거나 '피렌체로 향하기 위한 환승 시간에 이 책을 쓰고 있다'라는 등의 내용이 담겨 있기도 하다. 왜 그런 내용을 쓰는지 이해는 되지 않지만, 책 한 권을 다 쓴 노력에 경의를 표하고 따뜻한 마음으로 받아들이며 맺음말을 읽는다.

맺음말에서 친근감이 느껴지는 책이라면 읽어 보자

책을 고르는 구체적인 방법

요약을 참고하여 고르자

17

바쁜 사람들을 위해 책 내용을 간단히 파악할 수 있도록 돕는 책 요약 사이트가 점점 더 발전하고 있다. 이러한 요약 사이트는 출퇴근할 때나 자투리 시간을 이용해 스마트폰이나 태블릿으로 확인하는 직장인이 많다고 한다.

요약 사이트는 편리하지만, 주의해야 할 점이 있는데 요약본만 읽고서 내용을 다 파악했다고 생각하지 말아야 한다는 점이다. 실제로 책을 끝까지 읽고 나면 다른 인상을 받을 수도 있고 주요 줄거리와 관련 없는 부분에서 감동하기도 한다. 또 기존 요약에 너무 의존한 나머지 자신의 요약 기술이 쇠퇴하는 사태가 벌어질 수도 있다.

요약 사이트를 보고 구매한 책은 요약 비결을 배우는 데 참고하기를 바란다. "그렇구나, 이렇게 설명하니 이해하기 쉽네", "이런 표현 방식은 회의에서도 쓸 수 있겠어" 등 나라면 어떻게 요약했을지 생각하면서 책을 읽으면 요약 능력까지 향상할 수 있다. 일부러 다 읽은 책의 요약본을 읽어 보고 어느 부분을 생략했는지, 어느 부분을 정리했는지를 확인해 보는 것도 좋다.

요약 사이트를 적극적으로 활용하자

책을 고르는 구체적인 방법

4장

책 읽기를 시작하는 방법

책을 사면 카페로 가자

책을 읽고자 하는 의욕이 가장 넘치는 날은 아마 책을 구입한 당일일 것이다. '읽고 싶어서' 책을 샀을 테니 당연한 말일 수 있지만, '언젠가 읽겠지'라고 생각하는 순간 의욕은 사라지게 된다. 내팽개쳤던 책을 갑자기 읽고 싶어진 경우는 드물기에 책은 구매한 당일 바로 읽어야 한다.

물론 책을 사도 바빠서 바로 읽지 못할 때도 있다. 그럴 때는 한 권에 10분 정도만 투자해서 내용을 빠르게 확인해 두자. 그러면 나중에 다시 읽으려 할 때 비교적 쉽게 진도를 나갈 수 있기 때문이다.

아무리 바빠도 10분 정도는 시간을 낼 수 있을 것이다. 회사나

학교에서 집으로 향하는 버스 안이라도 좋다. 최근에는 카페를 겸한 서점도 늘고 있으니 가능하면 책을 사서 바로 근처 카페에 들어가자. 104페이지에서 다시 언급하겠지만, 음료를 사서 자리에 앉은 후 곧바로 책장을 넘기면서 대략적인 내용을 확인하자.

생선을 샀을 때 그대로 방치하면 상하기 마련이지만 신선할 때 내장을 제거하고 적당한 토막으로 잘라 말려두면 나중에 맛있게 먹을 수 있다. 책도 생선과 마찬가지로 싱싱할 때 처리해두면 좋다. 재빠르게 내용을 확인해 두면 어느 정도 책을 다 읽은 느낌을 받을 수도 있다. 마음에 드는 부분에 밑줄을 그어두는 것도 좋다. 책의 중반이나 후반 페이지에 밑줄을 그어 두면 읽었다는 느낌이 더 강해진다.

책을 구입하자마자 10분 정도 투자해 읽어 보자

3장쯤부터 읽기 시작하자

책을 처음부터 읽어야 한다는 고정관념은 독서를 재미없게 만드는 원인 중 하나다. 전체 구성(차례)이 잘 정리되어 있지 않은 경우도 많기에 꼭 처음부터 순서대로 읽지 않아도 된다.

예를 들면 어깨 결림 해소법이 주제인데 제1장에서 '왜 어깨 결림이 생기는가'라는 이론을 장황하게 늘어놓는 경우다. 독자가 원하는 내용은 제3장의 '어깨 결림 해소 스트레칭'인데 서론이 너무 긴 것이다.

수필이나 논문집 등은 각기 다른 시기에 쓴 문장을 모아서 편집하기도 한다. 집필 시기 순서로 배열된 경우 저자의 최신 의견을 알고 싶다면 마지막 부분부터 읽어 보기를 바란다.

아예 '책을 앞에서부터 읽지 않겠다'라고 결심해도 될 정도다. 그러면 어디서부터 읽든 상관없으니 부담되지 않아 독서가 즐거워질 가능성이 있다. 3장 즈음부터 읽기 시작하면 읽기 쉬운 경우가 많았다. 이야기로 이루어진 소설조차 첫 페이지부터 읽지 않아도 된다.

이런 독서 방식을 식사에 비유하자면 좋아하는 음식부터 먹는 것과 같다. 먹을 순서가 정해져 있다면 내키지 않아서 거부감이 생길 수 있다. 때에 따라서는 맺음말이나 마지막 장부터 읽기 시작해서 머리말이나 제1장으로 거슬러 올라가는 거꾸로 읽는 방법도 효과적이다. 실제로 거슬러 올라가듯이 읽어야 쉽게 이해할 수 있는 책도 의외로 많다.

책은 처음부터 순서대로 읽지 않아도 된다

모두 읽겠다는 생각을 버리자

20

누군가에게 책 내용을 전하겠다는 생각으로 읽으면 내용이 자연스럽게 머릿속에 잘 들어온다. 아웃풋(전달)을 의식해서 인풋(읽기)을 하면 좋다는 뜻이다. 책 내용을 전하기 위해 중요한 부분을 놓치지 않으려는 감각이 민감해져 책에 더 집중할 수 있다.

그러려면 처음부터 끝까지 균등하게 읽어야 한다는 생각을 버리자. 누군가에게 책 내용을 전하려면 중요한 정보만 목표로 삼으면 된다. 머릿속에 책 내용이 30% 정도만 남으면 된다. 그러한 생각으로 읽으면 마음도 편해지고, 마음이 편해야 머리에 내용이 잘 들어온다.

누군가에게 책 내용을 전하려면 읽은 후에 좋았던 점 세 가지를 확인해 두면 편리하다. 어디가 어떻게 재미있었는지를 세 가지 정도 말할 수 있도록 확인해 두면 된다.

그렇게 하면 다음과 같이 이야기해 줄 수 있을 것이다. "예시가 절묘한데, 예를 들면……", "인생의 깊은 부분을 도려내는 듯한 표현이 있거든. 예를 들면……", "요리가 아주 맛있게 묘사되어 있어. 예를 들면……"과 같이 생각하며 읽자.

카메라 삼각대를 한번 떠올려 보자. 세 개의 다리가 어느 정도 간격을 두고 있어 안정적이듯이 책 전반에서 한 가지, 중반에서 한 가지, 후반에서 한 가지로 어느 정도의 간격을 두고 좋았던 점 세 가지를 파악해 두면 책을 균형 있게 읽을 수 있다. 이렇게 세 가지를 말할 수 있으면 책 전체에 관해 말할 수 있다. 세 가지 포인트를 들은 사람은 그 책을 읽을지 판단할 수 있을 것이다.

세 가지 포인트로 책 내용을 전해 보자

30분에 한 권을 읽어 보자

21

종종 책 한 권을 30분 만에 다 읽겠다고 결심하고 읽을 때가 있다. 비교적 얇은 책은 30분 정도면 충분히 읽을 수 있다. '30분 한 권 승부'란 서치라이트를 비추듯이 페이지 전체를 훑어보다가 눈에 띄는 부분만 읽는 방법이다.

책 한 권을 끝까지 읽지 못하는 원인 중에는 책 읽을 시간을 (무의식적으로) 무제한으로 설정하는 경우도 있다. 시간을 정하지 않고 '언제 읽어도 괜찮아'라고 생각하면 언제까지고 책을 보지 않게 될 가능성이 크다. 반대로 시간을 제한하면 집중해서 읽어야겠다는 생각이 커진다.

30분 한 권 승부를 시작한 계기는 다음과 같다. 2004년 1월에 있었던 일이다. 출판사에서 대학 연구실로 전화 취재를 의뢰해 왔다. 제130회 아쿠타가와상 수상이 결정된 가네하라 히토미의《뱀에게 피어싱》과 와타야 리사의《발로 차 주고 싶은 등짝》이라는 두 작품에 관한 견해를 듣고 싶다는 내용이었다.

안타깝게도 당시 두 작품 모두 읽지 않은 상태였다. 그렇다고 해서 거절할 수 없다는 생각이 들어 곧바로 임기응변을 발휘하여 수화기에 대고 이렇게 말했다. "죄송합니다. 제가 지금 일 때문에 정신이 없어서 그러는데 1시간 뒤에 다시 연락해 주실 수 있을까요?"

다행히도 마침 대학 내에 서점이 있어서 곧장 서점에 가서 책 두 권을 구입했다. 그리고 연구실로 돌아와서 각각 30분 만에 다 읽었다. 그 직후 기자에게서 걸려온 전화에 아무 일 없었다는 듯 견해를 말해 주었다.

《발로 차 주고 싶은 등짝》은 150페이지 정도고《뱀에게 피어싱》은 130페이지 정도로 두 책 모두 페이지 수가 적은 책이라서 다행이었지만, 그래도 한 권당 30분 만에 읽고 견해를 말해 주었다니 마치 일을 거저먹은 것처럼 느낄 수 있다.

하지만 설령 몇 시간에 걸쳐 고심하듯 책을 읽었더라도 분명 똑같은 견해를 말했을 것이다. 처음 만난 사람이라도 30분 정도 이야기해 보면 대체로 그 사람의 됨됨이를 알 수 있듯이 책도 30분 만에 직감적으로 읽어 낸 기초적인 인상이 시간을 들인다고 해서 변하는 것은 아니다.

시간에 제한을 두어 집중해 보자

설렘이 느껴지는 부분만 읽자

22

30분 한 권 승부 방법에 관해 조금 더 구체적으로 설명해 보고자 한다. 우선 가볍게 모든 페이지를 한 번 눈으로 훑는다. 균등하고 빈틈없이 읽는 게 아니라 필요한 부분만 자세히 읽는다. 페이지를 넘기면서 자신과 인연이 없을 것 같은 페이지는 3초 정도만 훑어보고 마음이 끌릴 정도로 인연이 있다고 느껴지는 페이지는 속도를 확 떨어트려서 30초 정도로 천천히 읽는다.

감각을 날카롭게 해서 직감적으로 판단해야 한다. 페이지를 넘길 때 느껴지는 인연은 '설렘'이라고도 할 수 있다. 책을 읽을 때는 설렘과 같은 감각을 느끼는 것도 중요하다.

책 읽기를 시작하는 방법

2010년에 출판된 곤도 마리에의 《인생이 빛나는 정리의 마법》은 국내외에서 인기 있는 베스트셀러다. 이 책에서는 물건을 버릴지 고민이 될 때 '설레는지' 아니면 '설레지 않는지'를 기준으로 판단해야 한다고 이야기하는데, 이는 책을 읽을 때도 마찬가지다.

페이지를 넘겼을 때 설렌다면 인연이 있다고 생각하여 천천히 읽고 설렘이 없다면 인연이 없다고 생각하여 훑어보고 넘긴다. 그런 식으로 자신의 직감에 의존하여 필요한 부분을 자세히 읽는다.

우리가 책을 읽는 이유는 단지 지식을 얻기 위해서가 아니다. 마음속으로 '우와! 굉장하네', '그래, 그렇게 하자', '결국 그거였다니!'라는 지적 흥분을 얻기 위해 읽는다. 지적 욕구라는 직감을 바탕으로 설레는 페이지를 찾으면 한 권을 끝까지 읽을 때 필요한 부분을 자세히 읽을 수 있을 것이다.

직감적인 '설렘'을 느끼면서 읽자

인연이 없을 것 같은
페이지는 3초 정도

마음이 끌리는 페이지는
30초 정도에 걸쳐서
천천히 읽는다.

오!

리듬감을 느끼며 읽자

직업상 고전부터 최신 베스트셀러까지 상당수의 책을 읽지만 때때로 작은 글씨로 꽉 들어찬 고전이나 전문 서적을 읽는 일이 감당하기 힘들기도 하다.

아무리 명작이라도, 아무리 좋은 내용이 쓰여 있는 책이라도 글자가 꽉 들어차 있으면 독서가도 답답함을 느낄 수 있다. 또 페이지를 넘기는 속도도 느려지고 지겹다는 생각이 들 수 있다.

정적인 이미지가 강한 책에서 의외로 중요한 점은 동적인 리듬감이다. 떡메를 칠 때의 리듬을 떠올리면서 페이지를 넘겨보자. 떡메치기는 "으쌰! 으쌰!" 하면서 자잘한 리듬으로 떡을

친다. 절구 옆에 쭈그리고 앉은 사람은 그 리듬에 맞춰서 손에 물을 묻혀 떡을 접어 준다.

리듬감 좋은 떡메치기처럼 "그래그래!", "그래서?", "그렇구나!" 라며 리듬감 있게 읽어나가 보자. 페이지를 넘기는 리듬은 쾌감이 되어 책 한 권을 끝까지 읽을 수 있도록 추진력을 키워 준다.

떡메를 치듯이 리듬감 있게 페이지를 넘기자

열 권 중 세 권을 목표로 삼자

24

모처럼 책을 읽기 시작했는데 도중에 질리거나 읽기 싫어지더라도 낙담할 필요는 없다. 아주 자연스러운 현상이기 때문이다. 난해한 전문 서적을 읽어 보라는 말을 들으면 분명 진도가 나가지 않아 도중에 좌절할지도 모른다.

30페이지 정도 읽어 보고 그다음 페이지로 더 넘겨 봐도 재미없고, 또 다음 페이지로 넘어가도 '재미없다'고 느껴지면 계속 읽기 힘들다. 그럴 때는 그저 그 책을 읽을 시기가 아닐 뿐이라고 생각하면 된다.

그 책을 제대로 읽을 수 있는 지식이 부족하거나 애초에 책 자체의 매력이 부족하거나 하는 등 다양한 이유가 있겠지만, 시간이 지난 후에 다시 읽어 보면 술술 잘 읽힐 수도 있다. 30페이지까지 읽어 보고 책의 매력을 느끼지 못한다면 그때는 깔끔하게 포기하자. 그리고 곧바로 다른 책으로 바꿔 읽으면 된다.

그러려면 읽고 싶은 책 열 권 정도를 목록으로 만들어 두면 좋다. 열 권 중에 세 권밖에 못 읽었다고 하더라도 괜찮다. '다 못 읽다니 아깝다'라는 생각은 버리자. 실패하더라도 좋아하는 책을 찾는 감각을 키워나갈 수 있으니 아까워할 필요는 없다.

이 책을 참고로 관심 있는 책을 샀다고 하더라도 예상대로 모두 재미있지는 않을 것이다. 오히려 '이 책은 너무 재미있었어!'라며 푹 빠지는 책을 만날 확률은 낮다고 생각해야 한다.

열 권 중 세 권을 다 읽었다면 타율이 3할이나 된다. 프로 야구에서도 리그 최고 타율 10위 안에 들 수 있는 정도이므로 자신을 가져도 되는 수치다. 한 달에 세 권이나 읽는다면 이미 훌륭한 독서가나 다름없다.

타율 3할이면 충분히 훌륭한 독서가다

5장

책 읽기를 즐기는 방법

자투리 시간을 활용하자

하루를 보내는 시간을 최대한 쪼개서 생각해 보자. 잘 생각해 보면 예상보다 자잘한 자투리 시간이 많이 있다는 사실을 깨달을 수 있을 것이다. 예를 들면 버스가 도착하기를 기다리는 시간, 약속 장소에서 기다리는 시간, 가게에서 요리를 주문한 후 음식이 나오길 기다리는 시간 등 그 밖에도 아주 많다.

자투리 시간이 3분 정도 있으면 책을 꽤 많이 읽을 수 있다. 3분이라는 시간을 체감해 보기 바란다. 스마트폰의 스톱워치 기능 등을 사용해 실제로 3분을 재 보면 생각보다 꽤 길게 느껴질 것이다.

3분이 아니라 1분만 있어도 곧바로 책을 펼쳐 보는 습관을 들이자. 슈퍼마켓 계산대 대기 줄에서 책을 읽고 있으면 이상한 사람 취급을 당할 수 있으니 자중하고 있지만, 경험에 비춰 보았을 때 단 1분만 있어도 독서를 즐길 수 있었다. 그야말로 '티끌 모아 태산'을 즐기는 셈이다.

사람들은 대부분 자투리 시간에 스마트폰을 볼 때가 많다. 스마트폰은 인터넷을 이용해 많은 정보를 얻을 수 있는 편리한 도구다. 최근에는 가방을 들고 다니지 않고 스마트폰 하나로 일을 수행하는 사람도 많다.

하지만 스마트폰은 끊임없이 우리의 시간을 빼앗아 가는 시간 탈취 기계의 일면도 있다. 기분전환 정도로 활용한다면 괜찮겠지만, 게임이나 SNS(소셜 네트워크 서비스)를 하다가 순식간에 시간이 지나갔던 경험을 한 번쯤 해 봤을 것이다. 어찌 됐든 남는 시간을 모두 스마트폰에 써 버리면 독서에 투자할 시간이 없어진다. 스마트폰을 하지 말라고는 할 수 없지만, 독서와 스마트폰을 확실히 구분하여 사용해야 한다.

예를 들어 '역에 들어가서 목적지에 도착할 때까지는 독서를 한다' 등 자신만의 규칙을 만들어 보자. 스마트폰을 하고 싶다면 책 읽기에 적합하지 않은 시간을 활용해 보기 바란다(텔레비전 소리를 들으면서 책을 읽기도 한다). 물론 자투리 시간에 스마트폰으로 전자책이나 책 관련 사이트를 살펴봐도 좋다.

티끌 모아 태산처럼 틈틈이 책을 읽자

외출할 때는 책을 챙기자

26

학생들에게 '책을 한 권 꺼내서 옆 사람에게 소개해 봅시다'라고 갑작스러운 제안을 했던 적이 있다. 그러면 "네!? 지금 안 갖고 있는데요?"라고 말하는 학생이 꼭 있다. 그런 학생에게는 이렇게 말한다. "잘 알아 두십시오. 학생에게 책이란 군인에게 총과 같습니다. '죄송합니다. 총을 안 가져왔습니다'라고 말하는 군인이 있을까요? 전쟁터에서 군인이 무방비한 상태로 돌아다니다가 공격을 받아도 불평할 수가 없습니다."

또 영미 문학을 전공하는 학생에게는 이런 조언도 한다. "지하철에서는 영어책을 읽어 보십시오. 처음 읽는 책이라도 책 한가운데 페이지를 펼쳐서 책을 읽는 분위기를 풍겨 보십시오. 그 모습을 보는 사람은 '영어 원서를 읽다니 대단하네'라며 감

책 읽기를 즐기는 방법

탄할 것입니다."

책 없이 외출했을 때는 강수 확률 100%인 날에 우산을 놓고 나온 것처럼 안타깝게 생각해야 한다. 모처럼 자투리 시간이 생기더라도 그때 책이 없으면 읽을 수가 없기 때문이다.

어떤 초등학생은 학교와 학원 때문에 통학 길에서만 책을 읽을 수 있었다고 한다. 그런데도 책가방 안에 책을 항상 넣고 다니면서 이틀에 한 권씩 책을 읽어서 최근에는 부모가 아이에게 무리하지 말라고 했다고 한다. 이는 어른에게 자극이 될 만한 이야기다.

군인이 총을 챙기듯 외출할 때 책만큼은 잊지 않도록 하자

일주일에 한 권을 목표로 읽자

27

자투리 시간을 효율적으로 활용하기 위해 이번 주에 읽을 책을 정해 보자. 이번 주에 읽을 책을 일주일간 들고 다니면서 티끌을 모아 태산을 만들듯이 자투리 시간마다 책장을 넘겨 완독을 목표로 삼는다. 게임 퀘스트를 깨 나간다는 느낌으로 시도해 봐도 좋다.

시작은 일요일 밤부터 해 보기 바란다. 일요일 밤은 안정감과 동시에 '내일부터 또 일을 해야 한다'라는 감정이 뒤섞인 시간대다. 일부러 그 시간에 책 한 권을 선택해 밤중에 조금이라도 읽어 보자.

그러면 다음 날인 월요일에는 쉽게 궤도에 오를 수 있다. 아침에 출근하거나 통학하는 버스 안에서도 자연스럽게 다음 내용을 읽을 기분이 생긴다. 일요일이 아닌 월요일부터 시작하면 업무 모드로 바뀌어서 분주해질 수 있으므로 책도 고르기 귀찮아지고 책을 읽겠다는 의욕도 생기지 않을 수 있다.

만약 읽기 시작한 책이 30페이지까지 읽어도 재미가 없다면 망설임 없이 책 읽기를 그만둬도 된다. '모처럼 읽기 시작했으니 끝까지 읽어야만 해'라는 안 좋은 감정을 계속 가져갈 필요는 없다.

재미없으면 바로 다른 책으로 넘어가자. 그리고 성공적으로 책이 읽히기 시작하면 자기 마음대로 읽을 수 있다. 버스 안에서는 물론이고 점심시간, 휴식시간에도 다음 내용이 궁금해 참을 수 없게 된다.

앞에서 설정한 대로 그 책과의 관계는 일주일 안에 끝내야 한다. 책을 끝까지 읽기 위한 훈련이므로 우선 기간을 지켜야 한다. 그렇다고 해서 일주일이 끝난 시점에 '책을 다 읽지 못했다'라는 상태는 벌어지지 않을 것이다. 도중에 속도가 떨어지면 주 후반인 금요일이나 토요일에 건너뛰고 읽으면 되기 때문이다.

건너뛰고 읽더라도 마지막 페이지에 도달하기만 하면 된다. 일주일 안에 끝내야 한다고 생각하면 마지막 날에 마지막 페이지까지 읽을 수 있다. 우선은 불완전하더라도 '다 읽었다'라는 성공 체험을 몸에 익히기 바란다.

일주일로 기간을 한정하여
어떻게든 끝까지 읽어 내는 체험을 쌓아 가자

10분이 생기면 카페에 가자

28

'집에서는 좀처럼 집중하지 못한다.' 이는 독서에 익숙하지 않은 사람이 자주 겪는 패턴이다. 독서에는 적절한 긴장감이 있는 편이 좋다. 그런데 집에서는 너무 편안해져서 스마트폰이나 텔레비전의 유혹을 쉽게 뿌리칠 수 없다.

책을 읽을 장소로는 이동 중인 지하철 안이나 카페를 추천한다. 다소 소음과 인기척이 있어야 오히려 독서에 쉽게 집중할 수 있기 때문이다.

커피값은 가성비가 좋은 투자다. 커피 한 잔 값으로 책을 읽기 위한 공간과 시간을 살 수 있다. 약속 시간까지 10분 정도 시간이 남으면 바로 근처에 있는 카페에 들어가자. 1분이나 3분의 자투리 시간만 있어도 책을 읽을 수 있으니 10분이나 있으면 충분히 책을 읽을 수 있다.

10분도 남지 않았을 때는 약속 장소에서 책을 읽거나 보도 옆 벤치에 앉아서 책을 읽는다. 얼마 되지 않는 자투리 시간이니 그것만으로 충분하다.

카페에 들어가면 무조건 아메리카노를 주문한다. 독서가 목적이지 음료는 1순위가 아니므로 망설임 없이 가장 저렴한 음료를 주문한다. 그 순간에는 무엇보다 중요한 10분이므로 느긋하게 음료를 마실 때가 아니다. 더구나 스마트폰까지 꺼내면 완전히 상황이 종료되므로 자리에 앉자마자 책을 펼쳐 읽기 시작한다(스마트폰이나 태블릿으로 전자책을 읽을 때도 있다).

10분간 충분히 글을 음미하면 그 10분이 하루 중 가장 밀도 있고 충실한 시간이라는 생각이 들기 시작한다. 그렇게 행복한 시간을 보내고 있을 때 만나기로 한 상대에게 '죄송해요. 조금 늦을 것 같아요'라는 연락을 받으면 어쩐지 기분이 조금 좋아질 때도 있다.

'카페에서 음료를 마시고 있으니 서두르지 말고 천천히 오세요'라고 답장을 보낸 후, 행복한 시간이 더 생겼다는 기쁨을 만 끽한다. 이처럼 정해진 시간에 책을 읽으면 마감 전에 원고를 쓰는 것처럼 갑자기 집중력이 높아진다.

지하철이나 카페처럼 약간의 소음이 있는 곳에서 읽어 보자

책 읽기를 즐기는 방법

음악으로 스위치를 켜자

29

음악은 자투리 시간을 독서 모드로 변환해 주는 역할을 한다. 책과 음악은 궁합이 아주 잘 맞는다. 나는 음악을 들으면서 책을 읽을 때 행복감을 느낀다. 그리고 그곳이 카페라면 더할 나위 없다. 책과 커피와 음악, 생각만 해도 행복한 기분이 든다. 항상 들고 다니는 음악 플레이어에는 수천 곡의 음악이 들어 있다.

아직 익숙하지 않은 곡부터 자주 듣는 곡까지 그날의 기분에 맞게 골라서 책을 읽을 때 틀어 놓고 음악을 즐긴다. 어디까지나 독서가 메인이고 음악은 서브에 해당한다. 음악을 듣고 있지만, 의식은 독서를 향해 있다. 그러면 음악이 책을 읽을 때의 희로애락에 색을 입혀 준다. 책에 상응하는 정서를 음악이 자아내 주는 것이다.

'음악은 시간예술이다'라는 말이 있을 만큼, 일단 한 번 음악을 재생하면 계속 듣게 된다. 이 음악이 문장을 쫓는 시선을 이끌어 준다. 음악이 사고에 추진력과 리듬을 가져다주는 셈이다. 즉 음악을 들으면 독서가 잘 된다는 뜻이다.

음악은 책 종류에 따라 잘 맞는 궁합이 있다. 이탈리아 회화집과 비발디의 클래식, 스페인 문학과 플라멩코 기타처럼 잘 어울리는 조합을 찾아 보자.

음악을 들을 수 없는 환경에서는 주변 사람의 이야기 소리를 배경으로 삼는다. 적절한 소음이 절묘한 리듬을 이루어 책에 쉽게 집중할 수 있도록 도와준다.

음악의 힘을 빌려서 독서 모드로 자신을 이끌어 보자

책 읽기를 즐기는 방법

약속 장소를 서점으로 잡자

30

누군가와 만날 때 약속 장소로 서점을 택하기도 한다. 약속 시간까지 여유가 있을 때 책을 찾기 위함이다. 서점에서 책을 찾을 때는 보통 몇 권을 고른 후에 책장을 넘기면서 이 책이 좋을지 아닐지를 구분한다.

제목이나 저자, 표지 디자인에 주목하여 책을 고르고 차례 등을 슬쩍 훑어본다. 이 과정에 익숙해지면 선택하지 않은 책도 대략 어떤 느낌일지 파악할 수 있게 된다. 그러면 만나기로 한 사람과 '이런 내용이 쓰여 있었다'라고 이야기를 나눌 수 있는 화제가 생긴다.

약속 시간보다 조금 일찍 도착하면 '시간 내에 한 권을 정한 후 구매하자'라는 규칙을 만든다. 내 돈을 주고 구매하기 때문에 진지하게 책을 고를 수밖에 없고, 내용을 더 파악해서 재미있는 책을 고르려는 의식이 작용한다. 만나기로 한 상대가 도착하면 이 작업을 끝내고, 선택한 책을 가지고 계산대로 향한다. 그리고 만나기로 한 상대에게 얼른 책을 화제로 이야기를 꺼내 본다.

독서 관련 강의를 할 때는 이런 이야기를 하고는 한다. "여러분, 날씨를 화제로 인사 나누는 일은 이제 그만합시다. 누구나 더운지 추운지는 다 알고 있습니다. 그러니 그런 얘기보다는 책을 화제로 삼아봅시다. 지적인 대화가 가능하고 독서 문화도 넓어질 것입니다."

만나기로 한 상대에게 이런 식으로 말을 걸어 보자. "서점을 둘러보다가 이런 흥미로운 책을 찾았어." "조금 관심이 가는 책에 이런 내용이 쓰여 있었어." 분명 어색한 분위기가 금세 누그러들 것이다.

서점을 약속 장소로 잡아서 기다리는 동안 책을 고르자

책 읽기를 즐기는 방법

서점을 약속 장소로 잡은 후 조금 일찍 간다.

정해진 시간 안에 책을 찾다가 만난 사람이 오면 끝낸다.

도해 서적은 도해 부분만 읽자

31

독서는 그저 문장만 읽는 것이 아니다. 따라서 문장 자체를 읽기 힘든 사람이라면 일러스트나 그림풀이가 중심인 '도해 서적'을 읽어 보는 것도 좋은 방법이다.

도해 서적은 말 그대로 그림풀이를 다양하게 사용하여 문장설명을 보충해 주는 책이다. 대부분 책을 펼쳤을 때 문장과 도해가 한 장씩 차지하는 형식으로 편집되어 있다. 어려운 내용을 쉽게 이해할 수 있고 리듬감 있게 해설해 준다는 특징이 있어 출판계가 탄생시킨 발명품이라고 해도 과언이 아니다.

특정 주제에 관해 알고 싶을 때, 그 분야의 도해 서적을 찾아보는 것도 좋은 방법이다. 도해 서적은 상당한 분야를 아우르

고 있어 일본 아마존에서 '도해(圖解)'라는 키워드로 책을 검색
해 보면 1만 권 이상이 나온다. 심리학, 철학, 역사, 과학, 종교
등이 있으며 흥미로운 점은 키미지마 사토시의 《도해 사케》라
는 책도 있다.

두 페이지 만에 다 읽을 수 있는 책이 많으므로 자투리 시간에
책을 읽기에도 적합하다. 기본적으로 '문장→도해' 순으로 읽
지만, 문장을 요약한 것이 곧 도해이므로 제목과 도해만 보더
라도 대략적인 내용을 파악할 수 있다. 우선은 도해 부분만 확
인해 보자. 그리고 조금 더 자세한 내용을 알고 싶을 때 문장도
읽어 본다는 생각이면 된다.

책장을 술술 넘기며 읽을 수 있는 책으로는 도감만 한 것이 없
다. 동물과 식물, 우주 등 다양한 분야의 도감이 있으며 그저
보기만 해도 책을 즐길 수 있다. '오, 이런 생물이 있구나'라고
감탄만 해도 지적 호기심이 충족되고, 아이와 함께 즐길 수 있
다는 점도 장점 중 하나다.

《움직이는 도감 MOVE》 시리즈는 DVD도 수록되어 있어 최
신 지식 정보를 얻을 수 있다. 우주 관련 책에는 암흑물질에 관
한 설명도 있어서 어른도 즐기기 좋다. 도감을 책장에 꽂아 두

고서 생각날 때마다 책을 펼쳐 보면 기분전환도 되고 유익한
시간도 보낼 수 있다.

그림을 보고 대략적인 내용을 파악해 보자

　　　　　　　　　　　　　　　　책 읽기를 즐기는 방법

스마트폰으로 전자책을 읽자

32

얼마 없는 자투리 시간에 책을 읽을 때는 종이책보다 전자책
이 상당히 편리하다. 킨들 같은 전용 태블릿이나 e-book 애플
리케이션을 내려받은 스마트폰 또는 태블릿을 들고 다니면 언
제 어디서든 전자책을 읽을 수 있다.

최근에는 책을 많이 읽는 사람일수록 전자책을 읽는 경향이
있다. 익숙해지면 종이책과 비슷할 정도로 읽기 편하기 때문
이다. 이제는 종이책보다 전자책이 더 편하다는 사람도 있을
정도다. 지금까지는 종이책으로 읽는 것이 일반적이었지만,
기기의 발달과 함께 전자책으로 읽는 것이 일반적인 시대가
되어 가고 있다.

밖에서 문득 어떤 책에 나오는 문장이 궁금해지면 스마트폰이나 태블릿을 이용해 단어로 검색해 보는 등 아주 편리하게 사용할 수 있다. 전자책은 데이터로 저장되므로 공간에 구애를 받지 않고 많은 책을 소유할 수 있다는 장점도 있다. 또 계정만 같으면 어느 단말기에서든 열람할 수 있다는 점도 편리하다.

앞에서 언급했던 '공유마당'에서도 스마트폰이나 태블릿에 호환하는 브라우저가 준비되어 있으니 전자책의 세계에 발을 들여 보자. '김유정 작품을 읽어볼까? 《동백꽃》은 읽어 본 적 있는 것 같은데 어떤 이야기였더라?' 무료로 읽어 볼 수 있으니 가벼운 마음으로 시도해 볼 수 있다. 여러 애플리케이션을 활용해 전자책의 독서 서비스를 이용해 봐도 좋고 종이책을 사서 다음 장에서 소개하는 '3색 볼펜' 방법을 이용해도 좋다.

관심 있는 책을 닥치는 대로 검색해 보자

책을 읽을 때 활용할 방법

책에 직접 표시하자

한때 읽은 책의 요약과 인용을 독서 노트에 적어 놓고는 했다. 그 방법을 나름대로 연마하여 책 자체를 독서 노트로 만드는 방법을 고안해 냈다. 이때 사용한 것이 '3색 볼펜'이다. 빨간색, 파란색, 초록색 이렇게 세 가지 색을 사용해서 책에 밑줄을 긋거나 동그라미를 쳐 나갔다. 세 가지 색을 나눠서 사용하면 적당한 두뇌 훈련도 할 수 있다.

이 3색 볼펜 방식은 씨름에서의 기본자세나 곱셈에서의 구구단처럼 기본에 해당한다. 몇 번을 써 봐도 효과가 있는 방법이므로 기대를 저버리는 일이 없을 것이다. 책에 표시를 점차 늘려가며 '자신만의 책'으로 물들여 보자.

처음 3색 볼펜을 사용하기 시작한 계기는 대학 입시를 준비할 때였다. 참고서에 3색 볼펜으로 밑줄을 그으면서 시험공부를 했는데 독서에도 응용해 보기로 한 것이다. 책을 읽었을 때 느낀 점을 세 가지 색으로 나눠서 표시해 두니 나중에 다시 읽을 때도 포인트를 손쉽게 파악할 수 있었다.

하지만 책에 무언가를 표시하는 일에 저항감을 느끼는 사람도 많다. 그런 사람은 책을 '더럽히기 싫다'라는 심리가 작용할 가능성이 크다. 아이에게 진흙 놀이를 시켜 놓고 옷이 더러워지지 않기를 바라거나 지하철 손잡이를 맨손으로 만지고 싶지 않다는 그런 심리의 연장선상으로 책을 더럽히기 싫다는 저항감이 있다고도 볼 수 있다.

또 '창피함'이라는 심리가 작용할 가능성도 있다. 밑줄 그은 부분을 누군가가 보고 '이런 부분에 밑줄을 긋다니 책을 심도 있게 안 읽나 보네'라고 생각할까 봐 두려운 것이다. 즉 자신의 독해력에 자신이 없어서 밑줄을 긋고 싶지 않은 심리인 셈이다. 이런 생각은 버리는 것이 좋다.

오래된 책을 읽다 보면 그 전에 읽은 사람이 남긴 표시를 볼 때가 있는데 그러면 '이런 부분에 밑줄을 그어서 표시해 놨네'라며 만난 적도 없는 사람이 떠오르기도 한다. 물론 밑줄을 긋는 행위는 어느 정도 용기가 필요하지만, 밑줄을 그으면 자신의 사고를 의식할 수 있다는 이점이 있다. 딱히 누가 보든 상관없으니 마음껏 대담하게 밑줄을 그어 보자. 한 걸음만 내디디면 밑줄 긋기에 금방 익숙해질 것이다.

학생 중에는 다 읽은 후에 중고 서점에 팔고 싶어하는 경우가 많은데 그런 생각은 버리자. 팔아도 얼마 받지 못한다는 사실은 이미 잘 알고 있을 것이다. 책과 일생의 한 번뿐인 기회에 감사하고 오래 함께하기를 바란다.

책에 조금씩 표시하여 '자신만의 색'을 입혀 보자

3색 볼펜을 활용하자

34

3색 볼펜을 사용하는 방법을 구체적으로 소개하고자 한다. 우선 빨간색(객관적으로 매우 중요한 부분)이다. 빨간색은 누가 보더라도 중요하다고 쉽게 인식할 수 있는 색이므로 '이 부분은 매우 중요하다'라고 생각되는 부분에 긋는다. 객관적으로 보고 매우 중요하다고 생각되는 부분, 나중에 빨간 부분만 읽으면 문장의 취지를 알 수 있는 부분에 긋는다. 무턱대고 긋지 말고 내용을 압축할 수 있도록 긋는 것이 포인트다.

다음은 파란색(객관적으로 중요한 부분)이다. '어느 정도 중요하다'라고 생각되는 부분에 긋는다. 나중에 파란 부분만 읽었을 때 대략적인 줄거리나 요약이 될 만한 부분에 긋는다. 많이 그어도 상관없다.

그리고 초록색(주관적으로 중요한 부분)이다. '재밌다'라고 느낀 부분에 밑줄을 긋는다. 어디까지나 주관을 기준으로 삼는다. 자신의 감각을 최우선에 두고 독특하다고 느끼거나 마음에 걸렸던 부분에 자유롭게 그어 주면 된다. 책의 주요 줄거리와 관련은 없지만, 다른 사람은 지나칠 만한 부분에 긋는 것이 포인트다. 빨간색이나 파란색과 겹쳐도 상관없다.

밑줄을 긋는 즐거움은 '중요한 부분을 찾겠다'라는 시점에서 벗어나면 이해할 수 있다. 예를 들면 근현대 소설을 읽고 '당시는 전차로 이동하는데 시간이 그렇게 오래 걸렸구나'라는 부분에 재미를 느꼈다면 그 부분에 초록색으로 밑줄을 그으면 된다. 그러면 나중에 다른 사람과 이야기할 때 그런 사소한 지식을 알려 줄 수 있다.

중요한 부분에는 빨간색과 파란색을,
재미있는 부분에는 초록색을 그어 보자

빨간색

'매우 중요하다'라고
느낀 부분에 밑줄을 긋는다.

해당 부분만 읽어도
문장의 취지를 알 수 있는 부분

초록색

'재미있다'라고
느낀 부분에 밑줄을 긋는다.

이야기의 주요 줄거리와
관련은 없지만
재미있는 부분

파란색

'어느 정도 중요하다'라고
느낀 부분에 밑줄을 긋는다.

나중에 읽고
대략적인 줄거리나 요약이
될 만한 부분

마음껏 밑줄을 긋자

35

3색 볼펜으로 밑줄을 그을 때는 공을 되받아친다는 느낌으로 그어 보자. 볼펜을 드는 것은 곧 야구 배트를 드는 것과 같아 펜을 드는 순간부터 승부가 시작된다. 밑줄을 긋지 않는 행위는 곧 배트를 휘두르지 않는 행위와 같으므로 타석에 서는 의미가 없어진다.

얼마나 공을 되받아치는지(얼마나 밑줄을 긋는지)만 생각하기를 바란다. 마음껏 배트만 휘두르면(마음껏 밑줄만 그으면) 된다. '저자가 던지는 공에 반응하여 되받아친다'라는 생각으로 밑줄을 계속 그어나가 보자. 때로는 헛스윙을 할 수도 있다. 하지만 계속 휘두르는 중에 점점 자신감이 생기고 기준을 잡아 연속으로 적중할 수 있게 될 것이다.

　　　　　　　　　　　　　책을 읽을 때 활용할 방법

공도 치기 쉬운 공과 치기 어려운 공으로 나뉘듯이 책에도 밑줄을 긋기 쉬운 책과 긋기 어려운 책이 있다. 그래도 물러서지 않고 적극적으로 밑줄을 그어 보자. 중요하다고 생각되는 문장에는 몇 번이든 밑줄을 긋고 키워드에 동그라미를 쳐도 된다. 그러니 우선은 적극적으로 표시해 보자.

밑줄을 긋는 데 익숙해지면 밑줄을 그을 만한 부분을 기다리면서 읽게 될 것이다. 기다리는 동안에 안성맞춤의 문장이 보이면 '나타났다!', '기다렸다고!'라며 속으로 쾌재를 부르기도 한다. 밑줄을 세게 긋는 순간 마치 저자와 마음이 통하는 듯한 느낌을 느낄 수 있다.

익숙해지면 자연스레 집중력이 높아진다. 그러면 나를 향해 던져진 문장을 하나하나씩 쳐내기만 하면 된다. 도스토옙스키와 같은 대문호의 작품은 쓸데없는 문장이 하나도 없으므로 어디에 무슨 색을 그어도 틀릴 일이 없다.

적극적으로 밑줄을 계속 그어 보자

자유롭게 밑줄을 그어 보자

36

세 가지 색으로 나누어서 그어야 한다는 점에 너무 집착하지는 말자. 빨간색, 파란색, 초록색을 엄밀히 구별할 필요는 없다. 어깨에 힘을 빼고 편안한 마음으로 적당히 그으면 된다. 우선은 대략 빨간색과 파란색은 객관적 의견, 초록색은 주관적 의견이라는 감각을 몸에 익힌다.

익숙하지 않을 때는 자신의 감각으로 자유롭게 그을 수 있는 밑줄을 중심으로 그으면 된다. 초록색으로 밑줄을 그을 때는 자신의 머리에 있는 재미 센서를 활성화할 수 있으므로 독서 자체가 즐거워지는 효과도 있다. 그다지 깊게 생각하지 않아도 되므로 재미를 느끼며 초록색 밑줄을 그어나가 보자(동그라미를 쳐도 된다).

가능한 아무도 긋지 않을 만한 문장에 초록색으로 밑줄을 그으려고 하면 오히려 마음이 편해진다. 다른 사람이 보면 '왜 이런 데 밑줄을 그었어?'라고 생각할 만한 부분에 밑줄을 긋는 정도가 가장 적당하다. 나중에 다시 읽어 보면 '내가 왜 이 부분을 재밌어 했는지 모르겠네'라고 생각할 수도 있지만 괜찮다.

초등학생들에게 3색 볼펜을 사용해 보라고 한 후에 '어디에 밑줄을 그었는지'를 발표해 보라고 했더니 꽤 재미있어 했다. 정답도 오답도 없고 자신이 재미있다고 느낀 부분을 남들에게 선보이기만 하면 되니 들뜬 분위기에서 서로의 독특한 감각을 칭찬할 수 있다.

초록색으로 밑줄을 긋는 습관을 통해 독서의 자유로움을 느끼는 사람도 많다. 어디에 그어도 부정할 이유가 없으므로 자신만의 감각으로 해방감을 느끼면서 계속 그어 보자. 초록색으로 밑줄을 긋는 즐거움은 빨간색과 파란색으로 밑줄을 긋는 긴장감이 있어야 돋보이므로 초록색으로 밑줄을 긋는 일에 익숙해지면 빨간색과 파란색도 사용할 수 있게 된다.

초록색으로 밑줄을 그을 때는 자신을 해방시켜 보자

빨간색과 파란색을 구분하자

37

주관적인 부분에 긋는 초록색 밑줄에 익숙해졌다면 객관적인 부분에 긋는 빨간색과 파란색 밑줄에도 익숙해져 보자. 빨간색과 파란색 밑줄은 '이야기의 줄거리를 요약하기 위한 밑줄'이므로 어디에 그었는지에 따라 요약 능력을 시험해 볼 수 있다. 그렇다고 너무 부담가질 필요는 없다. 반복해서 하다 보면 익숙해지기 때문이다.

우선은 기본이 되는 파란색부터 알아 보자. '어느 정도 중요하다'라고 생각되면 우선 파란색으로 밑줄을 긋자. 많이 그어도 되니 신경 쓰지 말고 조금이라도 중요하다고 생각되는 부분을 계속 그어 나간다. 파란색을 그으면서 독서의 리듬을 만들어 가자. 그리고 '매우 중요하다고 생각하는 부분'이 나오면 재빠르게 빨간색으로 바꿔서 밑줄을 긋는다.

빨간색 밑줄은 내용 압축이 원칙이므로 너무 길어지지 않도록 의식하며 그어야 한다. 빨간색 밑줄의 개수는 한정적이어야 의미가 있다. 그러므로 빨간색으로 긋는 데는 약간의 용기가 필요하다. 처음에는 너무 깊게 생각하지 않고 자신을 믿고 '에라 모르겠다!'라는 생각으로 과감하게 빨간색 밑줄을 그어 보자.

'이 부분은 중요한 부분이 아닐지도 몰라'라거나 '더 중요한 부분이 나올지도 몰라'라면서 주저하다 보면 빨간색 밑줄을 그을 기회도 놓칠 수 있고 독서의 리듬도 무너질 수 있다. 다시 읽고 빨간색을 긋기에는 귀찮을 수 있으니 한 번에 결정타를 치겠다는 각오를 해야 한다.

수업에서 강의할 때는 '연습을 위해 파란색과 초록색 밑줄은 몇 번이나 그어도 되지만, 빨간색 밑줄은 세 군데까지만 그으라'며 일부러 개수를 한정할 때도 있다. 엄밀히 말하면 세 문장에만 그으라는 뜻이 아니라 여러 문장을 한 줄로 연달아 긋되 그것을 세 군데에 한정하라는 뜻이다.

우선 리듬을 타면서 파란색 밑줄을 긋고 한숨 돌린 후 빨간색 밑줄을 다시 그어도 된다. 빨간색 밑줄은 파란색 밑줄의 일부이므로 오히려 이런 방법을 활용하면 좋다. 파란색 밑줄에서 빨간색 밑줄로 바뀔 때 '에라 모르겠다!'라는 과감한 생각이 중요하다. 빨간색 밑줄을 그을 때 긴장과 흥분이 동시에 생겨나면 3색 볼펜 방식의 유단자 단계에 돌입했다고 볼 수 있다.

빨간색과 파란색으로 밑줄을 그을 때는 과감하게 긋자

책을 읽을 때 활용할 방법

실제 예시로 익혀 보자

다양한 방법으로 설명했지만, 여전히 3색 볼펜을 사용하는 방법이 잘 이해되지 않을 수 있다. 백문이 불여일견이니 다자이 오사무의 단편소설 《달려라 메로스》를 예시로 들고자 한다. 간단히 줄거리를 먼저 보자.

- 줄거리

도시에 온 목동 메로스는 왕이 인간에 대한 불신에 빠져 무의미한 살생을 반복하고 있다는 사실을 알게 된다. 정의감에 불타오른 메로스는 홀로 성에 들어갔다가 결국 체포당하고 만다. 3일만 유예해 달라고 탄원했더니 왕은 그 대신에 친구인 세리눈티우스를 인질로 삼는다. 메로스가 약속 시각까지 돌아오지 않으면 세리눈티우스는 처형당하게 되는 상황이다.

"필로스트라토스라고 합니다. 당신의 친구인 세리눈티우스 님의 제자죠" 그 젊은 석공도 메로스의 뒤를 쫓으며 달리면서 소리친다. "이제 소용없습니다. 소용없다고요. 그만 달리세요. 이제 그분을 구할 방법은 없습니다"

"아니, 아직 해는 지지 않았어" ←**파란색 선**

"이제 그분이 사형에 처해진다고요. 아아, 당신이 늦었어요. 원망스럽습니다. 조금이라도 조금만 더 빨랐더라면!"

"아니, 아직 해는 지지 않았어" 메로스는 가슴이 찢어질 듯한 마음으로 붉고 거대한 석양만 바라보고 있을 뿐이었다. 달릴 수밖에 없다.

"이제 그만하세요. 그만 달리세요. 이제는 자신의 목숨을 소중히 여기세요. 그분은 당신을 믿었던 거예요. 형장으로 끌려갔을 때도 아무렇지 않아 했어요. 왕이 아무리 그분을 조롱해도 메로스는 온다고 대답하며 강한 신념을 보였습니다"

"그래서 달리는 거야. 나를 믿어 주니까 달리는 거야. 제때 가고 가지 못하고가 문제가 아니야. 사람의 목숨도 문제가 아니야. 나는 조금 더 두렵고 거대한 무언가를 위해 달리는 거야. 그러니 날 따라와! 필로스트라토스" ←**빨간색 선**

말해서 무엇하리. ←**초록색 선**

아직 해는 지지 않았다. 메로스는 마지막 사력을 다해 달렸다. 메로스의 머릿속은 새하얘졌다. 아무런 생각도 들지 않았다.

책을 읽을 때 활용할 방법

하지만 알 수 없는 거대한 힘에 이끌려 달렸다. 태양은 흔들리는 지평선으로 침몰해갔고 마지막 한 줄기 남은 빛마저 사라졌을 때 메로스는 질풍과 같이 형장에 돌입했다. 제때 도착한 것이다.

내가 밑줄을 그은 부분이 딱히 정답은 아니다(사실 정답은 없다).

"아니, 아직 해는 지지 않았어"에는 파란색 밑줄을 그었다. 이 대사가 메로스의 한결같은 마음을 표현하고 있기 때문이다. 아무리 괴롭고 힘든 상황에 몰려도 "아니, 아직 해는 지지 않았어"라고 말할 수 있는 사람만이 고난을 극복할 수 있다.

"나를 믿어 주니까 달리는 거야. 제때 가고 가지 못하는 게 문제가 아니야. 사람의 목숨도 문제가 아니야. 나는 조금 더 두렵고 거대한 것을 위해 달리는 거야" 이 부분에는 빨간색 밑줄을 그었다. 매우 중요한 부분이다. 친구가 믿어 주기 때문에 그 기대에 응하기 위해 메로스는 달린다. 사람에게 신뢰받는 사람이 되고 싶다. 이 마음이 메로스를 지탱해 줬던 것이다.

'말해서 무엇하리'는 조금 생소한 표현이지만 '두말할 필요가 없다'라는 뜻이다. 이 부분은 인상적인 표현이 아주 흥미로워서 초록색 밑줄을 그었다. 소개한 장면에서는 사람이 타인과의 신뢰 관계 속에 자신을 자리매김함으로써 사회적 존재로 살아간다는 메시지를 전하고 있다. 《달려라 메로스》는 신뢰의 소중함을 그린 이야기다.

예문을 이용해 설명했으므로 세 가지 색상을 구분하여 사용하는 방법을 어느 정도 이해했으리라 믿는다.

세 가지 색으로 밑줄을 그어 감동의 고취를 인식해 보자

주관과 객관을 구별하자

3색 볼펜으로 밑줄을 긋는 최대 목적은 주관과 객관을 전환하는 방법을 익히기 위함이다.

직장에서 회의 시간에도 주관과 객관을 구별하지 않고 이야기하는 사람들이 있다. "이번 신상품은 분명 잘 팔릴 것입니다!" 자신만만하게 이야기하니 마치 객관적인 의견처럼 보이지만, 단순히 자신의 확신과 희망(주관)만 말하고 있을 뿐이다.

애초에 주관과 객관을 구분하는 감각을 갖추지 못했기 때문이다. 하지만 '주관과 객관을 색으로 구분하여 밑줄을 그어 보라'라고 말하면 이 두 가지를 의식적으로 구별할 수 있다. 처음에는 틀리기도 하지만 반복해서 하다 보면 주관과 객관을 전환

할 수 있는 감각을 얻을 수 있다.

또 노크식 3색 볼펜의 달칵거리며 색을 바꿔 주는 소리가 전환 스위치를 켜 줘 뇌 안에서 주관과 객관이 전환되는 순간을 느낄 수 있게 된다. 이렇게 하다 보면 평소에도 주관과 객관을 의식해서 구별할 수 있게 된다. '지금은 주관적으로 이야기하네', '지금은 객관적으로 이야기하네'라며 마음속에서 명확히 의식을 구분할 수 있다.

주관과 객관을 구별하여 생각하는 것이 좀처럼 쉽지 않다. 그럴 때 3색 볼펜을 사용하면 실제로 손에 든 도구의 힘을 빌려 생각을 정리할 수 있고 객관적이며 간결하게 책 내용을 요약할 수 있다. 그리고 재미있는 정보를 찾아 대화 소재나 프레젠테이션 화제로도 활용할 수 있다. 이처럼 3색 볼펜은 업무 능력을 높여 주기 위한 도구가 되기도 한다.

3색 볼펜으로 업무 능력도 향상된다

10년 후에 다시 읽자

'책에 밑줄을 긋는 작업'은 '매실주를 담그는 작업'과 비슷하다. 양쪽 모두 작업 후 어느 정도 세월이 지나야 맛이 깊어진다. 10년간 숙성한 매실주는 감동마저 들고는 한다. 매실주와 마찬가지로 10년 정도 지난 후 3색 볼펜으로 표시한 책을 다시 읽으면 그 맛이 더 깊어진다.

'10년 전에는 이런 부분에 감동했었다니 어렸었네', '10년 전에는 지나쳤던 부분인데 지금 읽어보니 와닿는다'처럼 같은 책이라도 시간이 지난 후 당시를 떠올리면서 다른 방식으로 맛을 볼 수 있다.

《어린 왕자》는 제목과 표지만 보면 아동 문학처럼 보인다. '그러고 보니 어린 시절에 읽었던 적이 있다'라며 생각한 사람도 있을 것이다. 그로부터 20년 정도 지나서 30대에 다시 읽었다고 가정해 보자. 그러면 어린 시절에 깨닫지 못했던 부분을 많이 발견할 수 있을 것이다. "이 '장미'는 애인을 말하는 건가. 생각보다 슬픈 내용이었네." "이 왕자는 아예 어딘가로 여행을 떠나버리는 유형의 사람이구나."

같은 책이라도 나이에 따라 다른 시선으로 읽을 수 있다. 10대에 읽은 책을 50대에 다시 읽은 적이 있는데 마치 40년간 숙성된 술을 즐기는 느낌이 들었다. 초등학생을 모아서 셰익스피어, 괴테처럼 대문호의 명작을 3색 볼펜으로 표시하면서 읽어보라고 할 때가 종종 있다. 이는 장래에 같은 작품을 다시 맛볼 수 있게 하기 위한 '숙성' 작업이다.

누구에게나 앞으로 가장 젊은 시기는 언제나 현재다. 결심이 섰다면 바로 책을 숙성시키는 작업을 실천해 보자. 그러다 보면 몇 권은 10년 후나 20년 후의 즐거움이 될 것이다.

3색 볼펜으로 밑줄을 긋는 작업은
미래의 즐거움을 위한 숙성 과정이다

책을 읽을 때 활용할 방법

7장

장소와 계절에 따라
책을 읽는 방법

다양한 장소에서 책을 읽자

41

생활하는 반경에 책을 분산해 배치해 두면 쉽게 책을 읽을 수 있다. 자연스럽게 책을 보기 편한 환경을 만들어 두면 좋다. 우선 거실, 화장실, 침실 등 세 군데에 책을 분산 배치해 보자. 회사 책상, 침대 맡, 심지어 주방도 좋다.

한때 화장실에서 재미있는 이야기 읽기에 빠져 있었던 때가 있다. 그때 읽은 책은 P. G. 우드하우스의 《펠럼 그렌빌 우드하우스》 시리즈다. 재미있는 이야기이므로 단시간에 중간중간 끊어서 읽어도 부담 없이 즐길 수 있다. 책값이 저렴한 편은 아니지만 화장실에서 시간 보내기에 제격이다.

책을 분산 배치하여 여러 책을 동시에 읽으면 머릿속에 내용이 뒤섞이거나 잊어버릴까봐 걱정할 수도 있다. 하지만 걱정할 필요 없다. 텔레비전을 볼 때는 월요일 밤 10시의 드라마와 목요일 밤 10시의 드라마를 매주 같이 보고 있지 않은가! '왓챠'나 '넷플릭스' 등의 유료 방송으로 더 많은 드라마를 동시에 시청하는 사람도 있다. 그렇다고 해서 이야기가 서로 뒤섞여 일주일 후에 다음 내용을 이어서 보기 힘들다고 하는 사람은 없다.

단, 책은 텔레비전과 달리 일주일 이상 손을 놓으면 내용을 잊어버릴 수 있다. 이는 영상과 활자의 차이다. 그래도 단기간에 동시에 여러 권을 읽으면 확실히 기억에 잘 남는다. 장소마다 읽을 책을 구분해 두면 기분을 전환하는 스위치가 되기도 한다. 오히려 읽을 장소가 구분되어 있어야 머리에 쉽게 들어 올 정도다.

읽을 책을 장소에 따라
구분해 배치함으로써 기분을 전환해 보자

장소와 계절에 따라 책을 읽는 방법

욕실에서 소리 내 읽자

책을 읽는 장소로 추천하고 싶은 의외의 장소가 있는데 바로 욕실이다. 어느 여성 작가가 '입욕 중에 책을 읽는다'라는 기사를 본 적이 있다. 2시간이나 입욕을 즐긴다는 이야기에 놀랐는데 주변에 물어보니 1시간에 가깝게 오랜 시간 입욕을 즐기는 사람이 많아서 다시 한 번 놀랐었다.

'까마귀가 미역을 감듯이' 목욕을 끝내는 사람도 많지만, 본인이 어느 정도 시간을 들여 욕조에서 시간을 보내는 편이라면 그곳에서 책을 읽어 보기를 추천한다. 입욕 중에 책을 읽을 때가 있는데, 욕조에 몸을 담그면서 욕조의 3분의 2 정도 뚜껑을 덮고 그 뚜껑 위에 책을 올려 놓고 읽는다. 단편 소설 등은 입욕 중에 편안한 마음으로 읽기에 아주 적합하다.

이렇게 '입욕 독서'를 할 때는 속으로 읽기보다는 소리 내서 읽기를 추천한다. 욕실은 목소리가 적절하게 울려서 소리 내서 읽는 보람이 있다. 관심이 있으면 영어책도 소리 내서 읽어 보기를 바란다.

영어책은 해석하는 데 수고가 들어서 도중에 안 읽게 되고는 한다. 하지만 그저 소리만 내서 읽는다면 쉽게 그만둘 일이 없다. 영어책은 오히려 속으로 읽을 때보다 소리 내서 읽어야 빨리 읽을 수 있다. 우리가 흔히 쓰는 모국어는 무의식중에 건너뛰고 읽을 수 있지만, 알파벳은 건너뛰고 읽을 수 없으므로 속으로 읽으면 어쩔 수 없이 리듬감이 떨어질 수 있다.

예전에 미국의 베스트셀러 작가인 시드니 셸턴의 두꺼운 원서를 욕실에서만 소리 내서 읽는 방법으로 독파한 적이 있는데 놀랄 정도로 술술 잘 읽혔다. 만인이 읽을 수 있는 베스트셀러 작가라서 그런지 쉬운 영어 단어로만 구성되어 있어 문장을 쉽게 읽을 수 있었다.

큰 목소리로 소리 내 읽으면 욕실의 소리 울림도 늘어나서 마치 뮤지컬 배우가 된 듯한 기분을 즐길 수 있다. 아무도 듣고 있지 않으니 발음도 전혀 신경 쓰지 않아도 된다. 영문을 소리 내 읽으면 자신의 목소리가 먼저 나온 후 나중에 그 의미가 따라온 다는 느낌을 받을 수 있는데 이는 아주 재미있는 경험이 될 것 이다.

욕실에서 책을 읽으면 습기나 물기 때문에 책이 상할 수 있지 만, 나중에 '이 책은 욕실에서 읽었었지'라며 자신만의 독서 이 력을 알 수 있는 포인트가 되기도 한다.

욕실에서는 영어책을 마음껏 소리 내 읽어 보자

기차나 비행기에서 책을 읽자

기차나 비행기 등에서의 이동 시간은 책을 읽기에 제격이다. 예를 들면 서울역에서 부산역까지 KTX로 약 2시간 반 정도 걸린다. 이 정도의 시간이 있으면 얇은 책은 끝까지 다 읽을 수 있다(83페이지에서 소개했던 30분 만에 책 한 권을 읽는 방법을 사용해도 된다).

보통 기차 역이나 공항에는 서점도 있다. 출장 가는 직장인이나 여행객을 위한 책도 마련되어 있고 베스트셀러 비즈니스 서적이나 신작, 인기 서적인 추리 소설 등도 있다. 그중에서 마음에 드는 책을 한 권 구매하여 기차에 타 보자. 그리고 출발과 동시에 책을 읽는다. 포인트는 '도착할 때까지 책 한 권을 끝까지 읽는다'라고 마음속으로 결심하는 것이다. 그러면 자신도 모르는 사이에 자연스레 2시간 반 안에 끝까지 읽을 수 있도록 시간을 배분하게 될 것이다.

이처럼 시간제한을 두면 페이지를 넘기는 속도가 빨라진다. '방금 천안역을 통과했네. 좋았어. 이 속도로만 가자.' '벌써 동대구역이네. 좋았어. 지금부터 조금 더 속도를 올려 보자.' 이렇게 시간을 계산하면서 읽게 되므로 부산역에 도착하기 전에는 원하는 대로 다 읽을 수 있도록 계획을 세우게 된다.

익숙해지면 한 권이 아니라 두 권도 너끈히 읽을 수 있게 된다. 딱히 누구와 경쟁하는 것이 아니므로 책을 끝까지 읽지 못하더라도 괜찮다. 도중에 책 읽기에 질리거나 피로를 느낀다면 무리하지 말고 책을 덮고 눈을 감거나 창밖 풍경을 바라보거나 도시락을 먹어도 된다. 억지로 읽으려고 하면 책을 즐길 수 없기 때문이다.

지방에서 강연할 때 주최 측의 배려로 기차의 특별석에 타거나 국내선의 비즈니스석에 앉아서 갈 기회가 있었는데 그때 깨달은 점은 사람들의 독서율이 높다는 사실이었다.

예전에 비행기로 강연 장소까지 가고 있을 때 난기류 때문에 기체가 조금 흔들렸던 적이 있다. 그때 책을 읽고 있었다가 아무래도 읽기 어려워져 책을 덮었었다. 하지만 옆자리에 앉은 분은 마치 흔들림 따위는 느끼지 않는다는 듯이 담담히 계속 책을 읽고 있었다. 책 읽기로는 누구에게도 뒤지지 않는다고 생각했지만, 그때만은 마음속으로 패배를 인정하지 않을 수 없었다.

어느 대학 교수는 기차 안에서 항상 신작을 2, 3권씩 읽는다고 한다. 이처럼 독서 습관을 들이는 것이 매우 중요하다. 책을 읽는 사람은 대개 자기 연마에 여념이 없어 자연스럽게 출세하는 사람도 많다. 독서가 중에는 '하기 싫다'라고 거절했는데도 결국 대표직을 맡게 된 독서가도 있다.

출장이나 여행 시 이용하는 대중교통을
자신만의 서재로 만들자

여행지가 배경인 책을 읽자

여행을 갈 때 책을 가지고 가는 것도 좋은 방법이다. 독서와 여행을 연관지어 주면 기억에 더 오래 남기 때문이다. 바다에 갈 때는 바다를 주제로 한 책, 산에 갈 때는 산을 주제로 한 책, 여행할 때는 여행지가 배경이 되는 책을 선택하면 된다.

일본 이즈를 여행할 때 나는 가와바타 야스나리의 《이즈의 무희·천 마리 학·호수》라는 책을 가지고 갔었다. 이즈에서 읽은 이 책은 기억에 아주 강렬히 남아 있다. 실제로 무희를 본 적도 없는데 어쩐지 실제로 무희와 만난 적이 있는 듯한 기분이 들어서 신기했던 기억이 있다. 이런 느낌을 한 번 받으면 여행갈 때 책을 고르는 일이 즐거워진다.

장소와 계절에 따라 책을 읽는 방법

여행이나 출장으로 지방을 방문할 때는 현지 서점에서 책을 구입해 보자. 지방 서점은 그 지역 문화의 중심이다. 대체로 '현지 출신 작가'를 추천하는 경우가 많으므로 해당 지역의 책을 찾기도 쉽다.

대학 시절 가나자와에 사는 친구를 만나러 갔을 때 현지 서점에서 책을 구입해 읽은 적이 있다. 시내를 가로지르며 흐르는 사이가와강 주변에 앉아 책장을 넘겼던 기억이 지금도 선명하게 남아 있다. 그때 불었던 바람의 느낌도 기억날 정도다.

책 여백에 구매한 서점과 날짜를 적어 두면 여행 기념품으로도 남길 수 있다. 몇 년이 지난 후 책장에서 꺼내 펼쳐 보면 '이때 이즈를 갔었구나' 하며 추억에 잠길 수 있을 것이다.

여행지나 출장 지역에서 현지 서점의 책을 구입해 보자

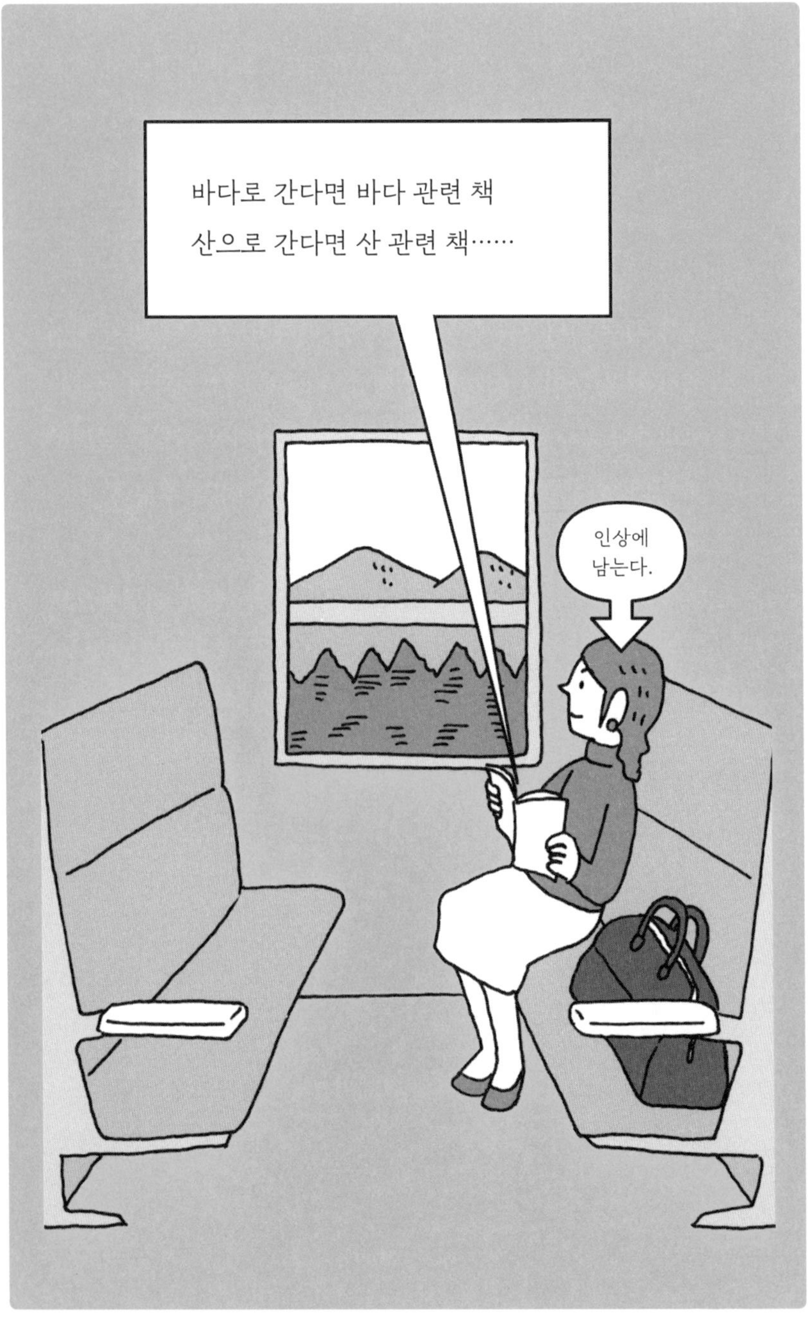
바다로 간다면 바다 관련 책
산으로 간다면 산 관련 책……
인상에 남는다.

계절과 어울리는 책을 읽자

책을 읽을 때는 장소뿐만 아니라 시기도 중요하다. 계절과 어울리는 책을 읽으면 즐거움이 배가 된다. 경험상 여름이나 겨울처럼 기후가 확실한 계절이 기억에 잘 남는다는 느낌이 든다. '폭염이 이어지던 해에 그 책을 읽었었지', '그해의 크리스마스는 책을 읽으면서 보냈었지'처럼 여름이나 겨울과 같은 뚜렷한 계절에 기억이 잘 남고는 한다.

또 연휴 때는 많은 시간을 확보할 수 있다. 독서에 몰두할 수 있는 절호의 기회인 셈이다. 독서와 계절을 더욱더 강하게 연결 짓기 위해서 여름에는 여름 관련 책, 겨울에는 겨울 관련 책을 선택해 보자. 여름이 오면 여름 노래, 크리스마스가 가까워지면 크리스마스 캐럴을 듣는 것과 같다.

여름에는 유모토 가즈미의 《여름이 준 선물》이나 호소다 마모루의 《썸머 워즈》처럼 제목에 여름이 표현된 책을 금방 찾을 수 있다. 조금 더 고전 작품으로 들어가 알베르 까뮈의 《이방인》 등은 여름 바다의 정경과 아주 잘 어울리는 이야기다. 짧은 작품이므로 도전해 볼 만한 가치가 있다.

겨울이라면 연말에 읽을 만한 책이나 겨울 관련 제목의 책을 골라 읽는다. 다 읽은 날짜를 책 한쪽 구석에 적어 두자. 그 책을 읽었을 때의 사소한 일도 함께 적어 두면 몇 년 후에 그때의 기억을 희미하게나마 떠올릴 수 있을 것이다.

여름과 겨울은 독서에 몰두할 기회의 시기다

장소와 계절에 따라 책을 읽는 방법

8장

책을 다 읽고 해야 하는 일

SNS에 감상을 남기자

46

독서의 목표는 크게 두 가지로 나눌 수 있다. 하나는 '순수하게 즐기기'라는 목표다. 추리 소설 등을 읽고 그냥 즐기거나 지식이나 교양을 얻어 즐기는 것도 이에 해당한다. 또 다른 하나는 '성과로 연결 짓기'다. 비즈니스 서적을 읽고 업무 능력을 향상하거나 축구 관련 책을 읽고 기술을 연마하는 것을 의미한다.

80페이지에서 누군가에게 내용을 전한다는 생각으로 책을 읽으라고 권장했는데 이 또한 성과로 연결 짓기를 목표로 책을 읽는 것과 같다. 자기 생각을 깊이 있게 만들어 생각을 전달하는 훈련도 된다. 우선 페이스북이나 트위터 등 SNS에 감상을 남겨 보자. 책 한 권을 다 읽은 후도 좋고 그날 읽은 부분에 관해 그때마다 감상을 남기는 것도 좋다. 처음에는 세 줄만 써도 충분하다.

그때마다 '이 주인공은 성격이 최고다', '이런 삶의 방식에 빠져 버렸다' 등등 느낀 점을 그대로 남겨 둔다. 말로만 감상을 이야기하지 않고 문장의 형태로 만들어 남겨 두면 나중에 다시 확인해 볼 수 있다. 그런 습관이 자신에게 깨달음을 가져다줄 것이다. 독서에 대한 동기를 높여 주고 행동에 변화를 주는 원동력이 되기도 한다.

지금까지 수차례 서평을 써 왔는데 책을 아직 읽지 않은 사람에게 내가 읽은 내용을 전할 수 있어 상당히 기분 좋게 작업하고 있다. '읽어 보면 좋습니다', '읽지 않으면 손해입니다' 등의 뉘앙스로 가벼운 압력을 가하면서 동시에 그 책의 매력을 전하고 있다.

읽지 않은 사람의 귀를 기울이게 하려면 단적으로 설명해 줘야 한다. 일상적인 대화에서는 책을 소개하는 데 1분 이상 걸리면 너무 길다고 느낄 수 있다. 이상적인 시간은 보통 30초 정도다. 이를 문장으로 변환하면 세 줄 정도의 길이가 된다. 모처럼 책을 읽었는데 표현하지 않으면 아깝지 않은가. 처음부터 사람들에게 내용을 전달하려는 생각으로 책을 읽으면 독서에 대한 동기가 더욱 고취된다.

먹었던 음식은 페이스북이나 인스타그램에 열심히 올리면서 읽은 책에 관해서는 표현하는 사람이 적은 듯하다. 음식 사진을 올리기보다 책을 소개하는 편이 훨씬 현명해 보일 뿐만 아니라 호평도 받을 수 있다. 마치 다른 무대에 서 있는 듯한 느낌이 들 것이다. 그리고 다시는 그 무대에서 내려오고 싶지 않다고 생각할 것이다.

다른 사람에게 감상을 전하는 일은 꽤 기분 좋은 일이다

긍정적인 감상을 써 보자

부정적인 비평은 아끼는 편이 좋다. 부정적으로 비평할수록 책 내용을 왜곡하는 경우가 많다. 그렇게 되는 이유는 대부분 비판할 목적으로 독선적인 의견을 강하게 주장하기 때문이다.

예전에 어느 연구회에서 과제 도서에 관해 이야기를 나눌 때 참석자 중 한 명이 해당 책을 몰아세우듯이 헐뜯었던 적이 있었다. 들어 보니 책과는 약간 다른 이야기였는데 이처럼 포인트가 어긋난 경우가 많다. 저자가 진정으로 말하고자 했던 부분과는 전혀 다른 포인트에 주목하는 것이다.

저자에 대한 경쟁심은 이익이 되지 않는다. 저자와 친숙함을 느끼면 좋겠지만, 대항 의식을 갖게 되면 포인트가 어긋나기 쉽고 그렇게 되면 잘못 읽고 비판하게 되는 것이다.

어떤 책이든 좋은 점을 하나 정도 찾아서 칭찬할 수 있을 것이다. 좋은 점을 찾는 데 더 주의를 기울여 보자.

칭찬할 부분을 찾아 감상평을 남기자

감상을 이야기하자

48

책을 읽고 난 후 감상문을 쓰는 힘을 기르는 데 아주 효과적인 방법이 있다. 평소에 책을 읽고 난 후 다른 사람에게 감상을 이야기하는 습관을 들이는 것이다. 책이 아니더라도 재미있는 텔레비전 드라마를 보면 그다음 날 친구나 동료에게 "있잖아, 그 드라마 봤어?"라며 말을 걸어 보자. 상대도 드라마를 보고 있다면 공통 화제로 이야기꽃이 필 것이고, 보지 않았더라도 재미있는 포인트를 간략하게 30초 정도로 설명해 주면 표현력을 기를 수 있다.

"○○의 연기에 너무 빠져들어서 현장감이 생생하게 느껴졌어", "각본이 질리지 않아"처럼 상대도 보고 싶어질 만큼 간략하게 알려 준다는 느낌으로 이야기해 보자. "아주 재미있어서 봤어" 정도로는 상대에게 매력이 전달되지 않는다. 상대의 마음을 움직이려면 머릿속을 정리하여 어떤 말로 해야 정확히 표현할 수 있을지를 생각해야 한다.

그러려면 다른 사람에게 책 내용을 전달해 주겠다는 전제로 책을 읽으면 좋다. 상대는 가족이든 친구든 회사 동료든 상관없다. 이야기하다 보면 다양한 책 내용을 떠올릴 수 있다. '자각하지 못했는데 이런 식으로 느낄 수도 있구나' 하고 깨닫게 되어 사고가 더 깊어지기도 한다.

"그래서 결국 어떻게 하면 된다는 거야?"라고 상대가 질문하면 '사람들은 그런 부분을 알고 싶어 하는구나. 내 이야기는 그런 부분이 부족하구나'라며 내용을 전달하는 비결을 자연스레 터득하게 된다. 그리고 점점 더 능숙하게 다른 사람에게 이야기를 전달할 수 있게 된다. 그 작은 경험을 떠올리면서 감상문을 써 보면 좋다.

간략하게 재미있는 포인트를 이야기해 보자

나만의 감동 포인트를 찾자

49

문장을 잘 쓰지 못하는 사람은 한 줄이라도 좋으니 상대에게 가장 전하고 싶은 부분이나 감동했던 포인트를 써 보자. '이 정도로 감동했다'라거나 '이런 것을 발견했다'라는 점을 문장 첫 부분에 써 본다. 한 가지만 말하면 된다. 가장 감동했던 부분을 쓰면 문장에 자연스럽게 열정이 스며들게 된다. 자연스럽게 다른 사람에게 호소할 힘을 갖게 되는 셈이다.

하지만 가장 감동했던 부분을 쓰라고 하면 주저하는 사람이 있다. '나는 이 부분이 좋다고 생각하는데 다른 사람에게는 와닿지 않으면 어떻게 하지?' 이런 부분이 마음에 걸리기 때문이다.

겁먹을 필요가 전혀 없다. 어느 책의 어느 부분에 감동하든 그

것은 본인의 자유다. 개인적인 감상이므로 자신감을 가지고 다른 사람에게 전하면 된다. 물론 주관적으로 좋다고 생각하는 부분이 저자의 주제나 목적과 어긋나 있는 부분이 있을 수도 있다. 그렇다 하더라도 자신이 읽고 어떻게 느꼈는지가 더 중요하다. 저자로서도 자신의 목적과 다른 독자의 감상을 참고할 수 있다.

얼마 전 한때 대학에서 가르쳤던 제자가 10년 만에 찾아 온 적이 있다. 친구가 곧 결혼하는데 좋은 글을 좀 써줄 수 있는지 부탁해 왔다. 부탁받은 글을 다 쓰자 그는 가방에서 책 한 권을 꺼냈다.

"교수님, 이 책에 사인 좀 해주세요." 살펴보니 내가 집필했던 《혼자 있는 시간의 힘》이라는 책이었다. '그 많은 책 중에서 왜 이 책에 사인해 달라고 하지?'라고 골똘히 생각하고 있는데, 제자가 어느 페이지를 펼치면서 이렇게 말했다.

"이 책에서 '인생, 나이를 먹다 보면 꿈과 타협해야 하는 시기가 찾아온다'라는 말이 굉장히 와닿았어요. 저도 서른 살이 지나고 나니 꿈과 타협해야 하는 시기가 찾아왔었거든요." 제자는 그 한 문장이 인생이 버틸 수 있게 해 줄 만한 가치가 있었다고 말했다. 하지만 그 글을 썼던 나는 오히려 그 글을 완전히 잊은 채 살아가고 있었다.

책 속에는 파묻힌 금같이 소중한 무언가가 숨겨져 있다. 파묻힌 금은 그것을 찾아낸 사람의 것이지 저자의 것이 아니다. 또 어느 페이지에서 파묻힌 금을 찾을지는 사람마다 다르다. 나이나 경험에 맞는 자신만의 금을 찾아 보자. 바로 그곳에 독서의 묘미가 있을 것이다.

자신만의 파묻힌 금을 찾을 생각으로 책을 읽고 그것을 찾았다는 생각이 들면 당당히 표현해 보자. 간혹 '이 세상에서 이 책을 가장 좋아하는 사람은 바로 나다!'라는 생각으로 서평을 쓸 때가 있다. 이런 생각이 강할수록 강력한 단어가 떠올라 열정적인 글을 쓸 수 있다. 이럴 때는 스스로 조금 과해서 마음에 걸린다고 느낄 정도가 가장 적당하다.

자신이 감동한 부분을 자신만만하게 쓰자

와닿는 부분을 세 가지 찾자

50

이제부터는 감상문을 조금 더 길게 쓸 때를 상정해서 이야기해보고자 한다. 긴 감상문을 쓸 때 반드시 준비해야 할 것이 있다. 우선 읽은 책 중에서 마음에 와닿는 문장을 찾아내야 한다.

'이 표현 멋있다!', '이 문장은 눈물이 나네'처럼 생각했던 부분을 3색 볼펜 중 초록색으로 밑줄을 그어 둔다(초록색 펜으로 동그라미를 쳐두면 나중에 찾기 아주 수월하다). 몇 개를 찾아내든 상관없다. 5, 6개일 때도 있고 30개 이상일 때도 있다. 같은 책이라도 사람마다 다를 것이다.

다음에는 선택한 문장 속에서 특히 와닿는 문장을 세 가지로 추려낸다. 즉 '베스트 3'를 결정하는 것이다. 세 가지로 추리기가 힘들 수도 있다. '다 버리기 아까운데'라는 마음도 충분히 이해하고 고민하는 것도 당연하다. 하지만 그 고민하는 즐거움을 느끼면서 확실히 정해야만 한다.

세 가지로 추리는 이유는 문장이 산만해지지 않도록 하는데 아주 중요한 역할을 하기 때문이다. 애정이 가는 책일수록 많은 내용을 넣고 싶을 것이고, 그러다 보면 초점이 맞지 않는 문장이 더해져 무엇을 전하고자 하는지 알 수 없는 안타까운 결과물을 초래하기 쉽다.

결과적으로 글을 쓰는 도중에 무엇을 쓰고 있는지 알 수 없게 되어 버리는 경우도 있다. 쓰려는 문장의 길이에 상관없이 쓰고 싶은 내용은 세 가지로 추려야 한다. 그러면 문장이 깔끔하게 정돈될 것이다.

와닿는 문장을 세 가지로 추리면 감상문이 산만해지지 않는다

조금 긴 감상문을 쓸 때의 포인트

좋은 부분을 모두 찾는다.

세 가지로 추려 본다.

쓰고 싶은 내용을 세 가지로 추리면 문장이 깔끔하게 정리된다!

문장을 인용하자

51

포인트를 세 가지로 추렸다면 그다음부터는 간단하다. 우선 문장을 인용하면 된다. 문장을 그대로 옮겨 적기만 하면 되는 것이다.

인용할 때는 그 문장을 따옴표로 표시하여 인용했다는 점을 확실히 알 수 있도록 해야 한다. 인용은 글을 그대로 베끼는 치사한 방법이 아니다. 흥미로웠던 부분을 찾아 추출해 내는 아주 중요한 기술이다.

그러면 구체적으로 어떻게 인용하면 좋을까? 와닿는 문장 세 가지를 찾고 우선 그 문장을 그대로 옮겨 적은 후 따옴표로 표시한다. 인용한 문장과 더불어 '이 문장에서 진정성을 느꼈습니다. 아주 훌륭한 문장이죠'라거나 '이처럼 매우 긍정적인 사고방식에 저도 힘을 얻었습니다' 등 약간의 논평도 함께 써 준다.

왜 이 문장을 선택했는지, 그 문장을 읽고 어떻게 생각했는지 솔직하게 쓰기만 하면 된다. 본인이 선택했으니 무언가 쓸 말이 있을 것이다. 그것만으로도 훌륭한 서평이 완성된다. 글을 인용하면 부담도 줄어들고 기억에도 잘 남는다. 누구나 쓸 수 있는 쉬운 방법이다.

논평 없이 인용문만 쓰더라도 서평은 완성된다. 그 인용한 문장이 혼자 걷다가 우연히 읽은 사람을 자극할 수도 있다. "오, 역시 니체야. 굉장한 표현이야!"라며 읽는 이의 마음을 움직이면 서평의 역할을 충분히 해냈다고 볼 수 있다.

인용문만 쓰더라도 서평은 완성된다

생각의 변화를 글로 써 보자

인용해서 감상문을 쓰는 데 익숙해졌다면 표현의 폭을 조금 더 넓혀 보자. 인용은 저자의 말을 빌렸을 뿐 자신의 말이 아니다. 이번에는 자신의 언어로 글을 써 보자. 그러면 표현이 더욱 매력적으로 변할 것이다. 책 읽기 전후로 자신의 심경이 어떻게 변했는지를 쓰다 보면 자연스럽게 자신의 언어로 표현할 수 있게 된다.

'조금 어려울 것 같다'라고 예상하며 읽었어도 '결국 어렵긴 했지만, 적어도 어느 부분이 어려웠는지'는 쓸 수 있을 것이다. '읽어 보니 예상과 달리 이해하기 쉽고 재미있었던 경우'에는 쓸 내용이 더 많아질 것이다. 책 읽기 전후의 생각 변화는 눈길을 사로잡을 뿐만 아니라 이야기를 담을 수 있는데, 그 격차가

크면 클수록 강렬함을 느낄 수 있다.

전후 변화를 쓸 때의 포인트는 크게 세 가지로 꼽을 수 있다. 첫 번째로는 읽기 전에는 어떤 인상을 받았는가, 두 번째는 실제로 읽어 보니 어땠는가, 마지막으로 책의 인상이 바뀌는 전환점은 어느 부분이었는가다. 그 예로 일본 지폐에 그려진 계몽 사상가 후쿠자와 유키치에 관한 자서전을 들어 보자.

'후쿠자와 유키치라니 혹시 그 1만 엔짜리 지폐에 있는 사람? 그의 책《학문을 권함》은 아는데 왠지 어려울 것 같은데'라고 생각할 수 있다. 이는 첫 번째인 '읽기 전에 어떤 인상을 받았는가'에 해당한다.

두 번째인 '실제로 읽어 보니 어땠는가'는 후쿠자와 유키치에 대한 자서전을 읽은 학생이 이런 솔직한 감상을 들려 주었을 때와 같은 경우다. "후쿠자와 유키치는 아주 인간다운 인간이라는 사실을 깨닫고 깜짝 놀랐습니다." "진지하고 외골수라고 생각했는데 의외로 장난기가 있어서 친근감이 생겨났습니다." 이런 솔직한 감상을 읽거나 들으면 그 책에 관심이 생겨날 수 있다.

마지막인 '책의 인상이 바뀌는 전환점은 어느 부분이었는가'에 관해서는 몇 가지 흥미로운 일화가 있다. 후쿠자와 유키치는 어린 시절부터 의심이 많았다. 신사의 사당에 있어야 할 신체(신령이 머문다고 여기는 예배의 대상물-옮긴이)를 보려고 했는데 그 안에 돌 같은 것만 들어 있는 것을 보고 자신이 주운 돌멩이와 바꿔치기한 적이 있다는 일화가 자서전에 소개되어 있다.

그 자서전에는 '어린아이인데도 참 정신이 올곧다'라거나 '운세, 마술, 여우 홀림처럼 영적인 것 따위는 전혀 믿지 않았다'라고 쓰여 있는데 책에 대한 인상이 확 바뀔 수 있는 부분임을 알 수 있다.

그리고 후쿠자와 선생이 오사카에서 학문을 닦을 때 문득 '베개가 없다'라는 사실을 깨달은 적이 있다는 일화도 있다. 매일 공부만 하며 계속 선잠을 자느라 베개를 베고 자본 적이 없었으니 뛰어난 인재가 될 수밖에 없었을 것이다.

또 책의 마지막 부분에는 '내가 가장 싫어하는 것이 바로 암살이다. 암살되는 것이 무엇보다 싫다'라고 고백하는 부분도 있다. '어느 날, 자신을 뒤쫓아 오는 남자가 있었는데 암살자가 아니라 안심했다'라는 일화를 소개하면서 '암살은 하면 안 된다'라며 마무리를 지었다.

작가 자신에게는 절박한 표현이겠지만, 이 부분을 읽으면서 웃음이 터진 기억이 있다. 역시 일화의 천재라는 생각이 들었기 때문이다. 이처럼 책의 인상을 바꿔주는 일화로 가득한 책은 좀처럼 찾아보기 힘들 만큼 재미있는 책이다.

책 읽기 전후의 생각 변화에 집중하자

감상문을 올리기 전에 검토하자

53

기본적인 내용이지만, SNS 등에 감상문을 올리기 전에 꼭 다시 한 번 검토해 보기 바란다. 왜냐하면 책을 읽고 바로 감상문을 올리려 했는데 내용을 다 정리하지 못했을 경우가 있기 때문이다. 머릿속 어딘가에서 정리되지 않았다는 사실을 어느 정도 알고 있으면서도 곧바로 글을 올리는 경우가 많다. 좋은 서평을 썼다면 글을 여러 번 검토했을 것이다.

글을 검토할 때는 다음과 같은 세 가지 사항에 주의해야 한다. '너무 열정적으로 글을 쓰는 바람에 이해하기 힘든 표현을 쓰지는 않았는가?'와 '다른 사람에게 상처를 주는 표현을 쓰지 않았는가?' 그리고 '올바른 문장인가?'다. 특히 문장이 올바른지 확인하는 것은 매우 중요하다.

책을 다 읽고 해야 하는 일

먼저 오탈자가 없는지 확인해야 한다. 그리고 잘못된 외래어 표기 등을 함께 확인해야 한다. 인터넷 뉴스는 오타가 자주 발견되어 검토자에게 지적을 많이 받는다. 발음이 비슷한 표현 등은 특히 정신을 바짝 차리고 써야 한다. 다른 사람의 오타를 보고 다시 한번 내가 쓴 글에 오타가 없는지 확인해 보자.

그리고 고유명사가 잘못 표기되어 있지는 않은지 확인해야 한다. 등장인물의 이름만 잘못 써도 내용을 전혀 이해할 수 없게 된다. 또 신경 써야 할 부분은 저자이름이다. 사람의 이름을 잘못 쓰면 그 사람에게 실례가 될 수 있고 위화감을 조성할 수 있기 때문에 조심해야 한다.

또 조사를 올바르게 사용했는지 확인해야 한다. '이/가, 을/를, 와/과, 은/는'을 올바르게 썼는지 검토해야 한다. 'A와 B'라고 써야 하는데 'A를 B'라고 쓰면 내용이 이상해지므로 신경 쓰기를 바란다.

주어와 서술어가 제대로 대응하고 있는지도 중요하다. 문장은 간결하게 쓰는 것이 기본이다. 길게 늘어지면 주어와 서술어의 관계가 꼬여 의미를 알 수 없게 된다. 예를 들어 '내가 이 책을 보게 된 이유는 텔레비전을 보고 좋아하는 배우가 재미있다고 추천하길래 꼭 보고 싶다는 생각이 들어서 곧바로 인터넷 서점에서 주문했다'라는 문장이 있다고 가정해 보자. 무엇을 말하고 싶은지는 전달되지만, 문장이 너무 길어서 꼬여 있다. 문장을 짧게 끊어서 주어와 서술어의 관계를 대응시키면 이해하기 쉬운 문장을 쓸 수 있다.

오탈자가 없는 문장은 신뢰를 받는다

책을 다 읽고 해야 하는 일

글을 검토할 때의 포인트

① 너무 열정적으로 글을 쓰는 바람에
   이해하기 힘든 표현을 쓰지는 않았는가?
② 다른 사람에게 상처를 주는 표현을 쓰지는 않았는가?
③ 올바른 문장인가?

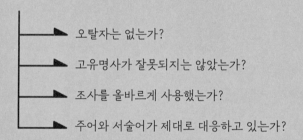

오탈자는 없는가?

고유명사가 잘못되지는 않았는가?

조사를 올바르게 사용했는가?

주어와 서술어가 제대로 대응하고 있는가?

글을 올리기 전에
꼭 검토해 보자!

'나였다면' 어땠을지 상상하자

이제부터는 조금 더 어려운 단계에 돌입해 보고자 한다. 감상문을 쓸 때 중요한 점은 자신의 마음이 어떻게 움직였는지를 자신의 말로 표현해야 한다는 점이다. 그러려면 책을 읽는 단계에서 '나였다면' 어땠을지 가정하면서 읽어 보면 좋다. 감정이입도 쉽게 할 수 있을 것이다. 어떻게 쓸지에 관한 기술보다 어떻게 자신의 기분을 연관 지을지가 중요하다.

대입 재수생 시기에 혼자 살던 아파트에서 비슷한 나이에 비참한 경험을 한 사람의 수기를 읽고는 했다. 어려운 상황을 극복한 사람의 이야기를 읽으면 용기를 북돋아 주는 듯한 기분이 들었기 때문이다.

책을 다 읽고 해야 하는 일

그 책은 하야시 다다오라는 사람이 쓴 책이었다. 태평양 전쟁에 학도병으로 출전한 한 학생의 일기를 바탕으로 한 수기다.

저자는 독일 작가 토마스 만에 깊이 빠져 공부를 열심히 하던 학생으로 구제고등학교에서 교토대학으로 진학했으며 장래에 대한 밝은 희망을 품고 있었다. 그런데 어느 날 그가 학도병으로 소집되었다. 해군에 입대해 항공대에 배치된 저자는 계속해서 많은 책을 읽었는데 머지않아 타고 있던 정찰기가 미군에 격추되어 허무하게 전사하고 만다.

나도 모르게 책장을 넘기던 손이 멈췄고, 하늘을 올려다 보았다. 얼마나 억울했을지 생각하니 눈물이 핑 돌았다. '나였다면' 어땠을지 질문을 던져 보았다. 나는 과연 저자처럼 진지하게 공부하고 싶다고 생각했을까? 무엇을 위해 대학 진학을 목표로 삼았을까? 앞으로 어떤 인생을 살고 싶은 걸까? 이 책의 영향으로 다양하게 생각했던 것들을 일기에 남기기도 했다.

책을 읽고 '대단하다', '슬프다' 정도는 누구나 생각할 수 있지만, 그 정도로는 부족하다. 한 단계 더 높은 수준의 독서를 체험하기 위해서는 '나였다면' 어땠을지 당사자의 감정에 이입해 읽어야 한다. 그래야 더 마음 깊이 와닿기 때문이다. 자기 일처럼 느낀 생각을 솔직히 표현하면 자신만의 감상문을 쓸 수 있다.

자기 일이라고 상상하면 문장에 마음이 담긴다

책을 다 읽고 해야 하는 일

다른 이의 서평을 읽어 보자

55

중학생 때 국어 선생님은 책 읽기를 좋아할 수 있도록 초석을 닦아 주신 분이다. 중학교 3년간 계속 선생님의 국어 수업을 받았는데 수업 초반에 항상 책을 추천해 주었다. 주 3회 정도의 수업 때마다 매번 소개해 주었으니 3년간 상당량의 책을 알려 준 셈이다.

선생님이 소개해 준 모든 책을 읽지는 못했지만, 선생님의 이야기만 들어도 관련 지식이 축적되어 갔다. 그 덕분에 고등학교에 진학할 때 즈음에는 상당한 지식을 얻을 수 있었다. 이처럼 훌륭한 스승과 만나면 독서의 길을 단번에 개척할 수 있다. 하지만 주변에 그런 사람이 꼭 있으리라는 법은 없다. 그럴 때는 인터넷을 활용하면 좋다.

블로그나 SNS, 이메일 매거진 등을 통해 독서 논평을 쓰는 사람을 찾아 그 사람을 자신만의 스승으로 만들어 보자. '이 사람이 재미있다고 한 작품은 다 재미있지'라는 생각이 드는 사람을 찾으면 읽고 싶은 책을 단번에 많이 발견할 수 있다.

스승이 꼭 한 사람일 필요는 없다. 일반 소설, 추리 소설, 비소설, 비즈니스 서적 등등 장르마다 스승을 찾아 두는 방법도 있다. 특히 여러 기관에서 전문가가 선택한 작품의 경우 실패할 확률이 적으므로 참조하면 도움이 된다.

자신과 감성이 맞는 스승을 발견하면 수많은 좋은 책과 만날 수 있을 것이다. 국내에서도 웹사이트를 통해 여러 전문가의 서평을 읽을 수 있으니 참조해 보면 좋을 것이다.

인터넷에서 스승을 찾아 보는 것도 좋은 방법이다

책을 다 읽고 해야 하는 일

적용
하기

세 단계 만에
장편 고전도 읽을 수 있다

입문서부터 읽는다

세계적인 명작이나 고전 중에서도 손꼽히는 작품 한 권을 끝까지 다 읽으면 '이제 어떤 책이든 읽을 수 있어!'라는 자신감이 생긴다. 도스토옙스키의 《죄와 벌》과 《카라마조프가의 형제들》, 톨스토이의 《안나 카레니나》와 《전쟁과 평화》 같은 세계적인 장편 고전을 끝까지 다 읽으면 자신감이 생길 뿐만 아니라 자랑도 할 수 있다. 이쯤 되면 더는 무서울 것이 없다. 앞으로 99%의 책은 손쉽게 읽을 수 있기 때문이다!

단순히 '두꺼운 책을 다 읽는 것'이 아니라 '최고의 책'을 접하는 것이 중요하다. 그것도 가능한 한 빨리 도전해 보는 것이 가장 좋다. 그래서 지금부터 세 단계로 나눠서 장편 고전에 도전하는 방법을 이야기해 보고자 한다. 1단계는 기초 단계다.

장편 고전에 도전할 자신이 없다면 원서를 이해하기 쉽게 설명해주는 입문서(해설서)부터 읽어 보자. 입문서는 자전거의 보조 바퀴와 같은 역할을 해 준다. 사전에 입문서를 읽어 두면 그 책에 관한 지식을 쌓을 수 있으므로 이해가 훨씬 수월해진다.

유명한 장편 고전에는 대체로 전문가가 쓴 입문서가 포함되어 있다. 어려운 고전을 단 몇 페이지로 해설해 주므로 대략적인 내용을 파악하는 데 안성맞춤이다.

세상에는 친절한 해설가들이 있다. 예를 들어 독일 철학자 니체의 《자라투스트라는 이렇게 말했다》를 일본어로 번역한 도미오 데즈카는 번역서임에도 한 단락마다 번역자의 해설을 요약해 두었다. '긴 고독 끝에 정신 수양을 끝낸 자라투스트라가 하산 후 군중 속으로 들어와 태양처럼 내어 주는 존재가 되려고 한다'처럼 문장을 읽기만 해도 상황을 저절로 이해할 수 있을 정도로 간결하고 요점을 잘 파악한 해설문이 적혀 있다.

한 단락 분량을 한 문장으로 요약하려면 상당한 이해력과 용기가 필요하다. 요약문을 읽고 감명을 받아 이후 해당 번역가의 책을 골라 읽기도 했다.

도스토옙스키의 장편에는 훌륭한 입문서가 있다. 일본에서는 러시아 문학가인 에가와 스구루가 쓴 《수수께끼 풀이(謎とき)》 시리즈가 있다. 이 책들은 그야말로 수수께끼를 풀이하는 형식으로 쓴 책이다. 예를 들면 《수수께기 풀이: 죄와 벌(罪と罰)》에서는 주인공 이름 '라스콜리니코프'가 러시아어로 '라스콜리니키(기독교의 일파인 분리파)'와 '라스콜로치(쪼개기)'임을 통해서 '도끼로 노파의 머리를 쪼개다'라는 이야기의 전개를 알려 준다.

또 라스콜리니코프의 본명은 로디온 로마노비치 라스콜리니코프이며 그 이니셜은 RRR인데 러시아 문자로는 PPP로 표기한다. 도스토옙스키의 창작 노트에 따르면 일부러 PPP가 되도록 이름을 선정했을 것으로 추측할 수 있는데 PPP라는 문자를 뒤집으면 666이 된다. 신약성서에서는 악마의 숫자로 증오 받는 숫자다. 이름부터 불길함이 전해져 오지 않는가? 이러한 예비지식을 쌓아 두면 본편을 한층 더 깊이 있게 맛볼 수 있다.

우선 장편 고전의 입문서(해설서)로 예습하자

만화판부터 읽는다

우선 입문서부터 읽기를 추천하지만, 그 입문서도 부담스러운 사람이 많을 것이다. 그렇다면 난이도를 최대한 낮춰서 어린이용 서적이나 만화판부터 읽어 보자. 읽기 쉬운 단어를 사용하거나 요약하여 편집한 어린이용 책을 통해 예습하는 것이다. 글씨 자체를 읽기 힘든 사람에게는 그림이 이해를 도와준다. 그 점에서 만화나 그림책은 아주 뛰어난 역할을 한다.

《손자병법》을 만화로 펴낸 책을 감수한 적이 있는데 중국의 옛날 병법서로 《손자》에서 24개의 단어를 선정하여 어린이용으로 초월 번역한 책이다. '24개의 단어는 극히 일부 아냐?'라고 생각하는 사람도 있을 수 있지만 어른이라도 《손자》를 전부 읽고 나서 20개 정도의 단어를 인용하여 술술 해설할 수 있는 사람은 그리 많지 않다.

나이를 먹을수록 읽은 책의 내용을 잊어버린다는 사실은 많은
사람이 일상적으로 실감하고 있는 부분이다. 그렇다면 차라리
《어린이 손자병법》을 천천히 읽으며 엄선된 단어를 집중적으
로 흡수하는 편이 좋을 수도 있다. 더구나 당연하게도《손자》
를 한 번도 접해본 적 없는 사람보다《어린이 손자병법》을 읽
어 본 사람이《손자》를 더 잘 이해할 수 있기 때문이다.

그렇게 생각하면 고전은 아예 어린이용 서적이나 만화판으로
대략적인 내용만 파악해도 좋을 것이다. 장편 고전의 경우에도
줄거리 정도는 파악할 수 있다. 《카라마조프가의 형제들》을 읽
기 전이라면 일러스트가 포함된 어린이 대상의《카라마조프가
의 형제들》을 발판삼아 고전에 도전해 봐도 좋을 것이다.

만화로 출간된 책을 통해 줄거리를 파악해 두자

명장면부터 읽는다

영화에는 예고편이 있다. 예고편은 영화관에서 본편을 상영하기 전에 공개 예정인 작품을 소개하는 짧은 영상을 말한다. 뛰어난 예고편은 '앗, 이 영화는 봐야만 해'라는 생각을 들게 한다. 예고편을 보고 영화표를 예매한 경험은 누구나 있을 것이다.

대학 수업에서 학생들에게 문학 작품의 예고 영상을 만들어 보라고 한 적이 있다. 잘 만든 예고 영상은 학생들에게서 '읽어 보고 싶다'는 의견이 나오게 했다. 그중에는 미스터리한 범인이 누군지 알게 되는 '스포일러 영상'도 있었지만, 그것은 애교에 불과하다.

본편의 요약본이라고 할 수 있는 만화판은 이른바 영화의 예고편처럼 포인트를 잘 정리하여 읽기 쉽게 되어 있다. 대략적인 전체 스토리와 등장인물의 관계도 어느 정도 파악할 수 있다. 만화판을 읽을 때 예고편을 읽는다는 생각으로 만화에 나온 장면을 선택해 읽어도 좋다.

《카라마조프가의 형제들》에는 '대심문관'이라는 유명한 장면이 있다. 이 장면에서 예수의 부활에 대해 "네가 하는 말은 정말 대단하지만, 그래서 모두 어떻게 됐나? 인간이라는 존재는 복종하고 싶어 하는 것 아닌가? 자유롭게 해 줬더니 당황하지 않는가?"라고 이야기하는 사람이 나온다. 심도 있는 생각을 하게 하는 명장면이다.

또 카테리나와 그루센카가 언쟁하는 장면도 나오고 "저 여자는 주정뱅이야!" 같은 대사도 나온다. 만화판에서 선정된 명장면을 파악한 후 본편을 읽으면 세세한 묘사에 압도되어 감동이 깊어짐을 느낄 수 있을 것이다.

명장면을 읽으며 대략적인 전체 스토리를 파악하자

나와 맞는 문체를 고른다

《카라마조프가의 형제들》 같은 번역서를 읽을 때는 '어느 번역가의 책을 선택할지'가 상당히 중요하다. 왜냐하면 독자와 번역가 사이에 문체 궁합이 존재하기 때문이다.

원작자의 팬이기 전에 번역가의 팬이 되는 사람도 많다. 초등학생들에게 영국 극작가 윌리엄 셰익스피어의 매력을 전하기 위해 노력하고 있는데, 그중에서 셰익스피어 작품에 빠지는 아이가 있었다. 그 초등학생은 《햄릿》, 《맥베스》, 《리어왕》, 《베니스의 상인》 등 계속해서 셰익스피어의 작품을 독파하더니 "후쿠다 쓰네아리의 번역이 최고예요"라고 말했다. 차분한 문체를 좋아한다는 점에 감탄했다.

번역가 후쿠다는 1912년생으로 일본 작가이자 평론가, 연출가

로 셰익스피어의 연극을 공연한 것으로도 유명하다. 후쿠다가
셰익스피어의 작품집을 1959년에 간행했으니 지금 초등학생
이 느끼기에는 오래된 문체였을 것이다. 하지만 문장의 격조
가 높아서 소리 내 읽다 보면 신기하게도 기분이 좋아진다. 그
렇게 뛰어난 번역가의 문체에 한 번 빠지면 다른 번역가의 문
체에는 만족하지 못하게 될 수 있다.

《카라마조프가의 형제들》도 다양한 번역가가 번역한 책이 출
간되어 있다. 우선 번역가와의 궁합을 확인해 보는 것이 중요
하다. 서점에서 책장을 넘겨 보고 '왠지 이 문장이 더 읽기 쉬
울 것 같다'라거나 '문체가 나와 맞을 것 같다'라는 번역가의
책을 선택해 보자.

나에게 맞는 번역가를 선택하느냐로 완독 여부가 결정된다

주인공을 상상한다

이제부터는 두 번째 단계인 구체적인 독서법으로 넘어가 보자. 좋아하는 만화가 애니메이션화 되었을 때 성우의 더빙 목소리를 듣고 '어? 생각했던 목소리와 다르네'라고 느낀 적이 있지 않은가? 또는 좋아하는 애니메이션이 실사화되었지만, 어울리지 않는 배우가 연기해서 조금 실망했던 경험은 없는가?

원작이 인기 있는 작품일수록 애니메이션화나 드라마화되었을 때 반발이 클 수밖에 없다. '이 연기자는 아니야', '이 목소리가 아니야' 등 애정이 강할수록 평가도 격해지고는 한다. 애니메이션화나 드라마화에 위화감을 느끼는 이유는 자기가 원하는 외형이나 목소리가 있기 때문이다. "그러면 어떤 목소리가 좋아?", "어떤 배우가 나오면 이해할 수 있겠어?" 이렇게 물었을 때 제대로 대답하지는 못하더라도 '이건 아니다'라는 생각은 할 수 있다.

자신만의 확고한 이미지가 만들어지면 독서의 추진력이 생긴다. 머릿속에 주인공이 살아 숨 쉬면서 이야기의 세계로 이끌어 준다는 뜻이다. 따라서 《카라마조프가의 형제들》 같은 장편 고전을 읽을 때는 최대한 빨리 주인공의 이미지를 떠올리는 것이 중요하다. 주인공의 이미지가 떠오르지 않으면 특정한 배우나 성우의 이미지를 떠올려도 좋다. 이미지로 떠오른 인물이 머릿속에서 움직이거나 이야기하게 되면 책을 읽는 속도가 빨라진다.

주인공을 좋아하는 배우로 상상해서 읽어 보자

건너뛰며 읽는다

나는 녹화한 텔레비전 방송을 볼 때는 3배속이나 30초 건너뛰기 기능을 이용하는 편이다. 관심 없는 장면은 3배속으로 건너뛰고 재미있는 장면만 원래 속도대로 본다. 예를 들어 미식축구 시합을 볼 때는 30초 건너뛰기 기능을 통해 보고자 하는 장면으로 넘기면 리듬감 있게 볼 수 있다.《카라마조프가의 형제들》을 읽을 때도 이 방법을 구사해 보자. 직접 편집하듯이 '건너뛰며 읽기'를 해 보는 것이다.

장편 고전을 끝까지 읽으려면 필요한 부분만 읽는 방법이 포인트다. 지루한 페이지가 있을 때는 거기서부터 3배속으로 보면 마지막까지 쉽게 읽을 수 있다.《카라마조프가의 형제들》과 같은 러시아 문학의 명작으로는 톨스토이의《안나 카레니나》가 있다. 1870년대의 러시아가 배경이며 여성이 주인공인 이야기로 안나의 행동에만 초점을 맞춰 안나를 중심으로 내용이 전개된다. 짜증나는 성격의 남편이 등장하면 그 페이지는 빨리 감기 하듯이 읽다가 안나가 나타나면 다시 천천히 읽는다.

변칙적인 독서법이기는 하지만, 도중에 책 읽기를 그만두는 것보다는 낫다고 생각하자. 적어도 주인공의 움직임을 쫓다 보면 이야기에서 길을 잃을 일은 없다. 마지막 페이지까지 도달하면 '다 읽었다'라고 만족할 수 있을 것이다.

요약 편집을 흉내내 보자

인물관계도를 그려 본다

장편 고전에는 많은 인물이 등장한다. 다양한 인물이 나와서 다양한 희로애락의 감정을 보여 주며 평온한 세계를 휘젓고 다니기 때문에 이야기에 생동감과 현실감이 생겨난다. '이런 위험한 사람이 내 부모라면 견디지 못하겠지.' 이런 생각을 하게 만드는 인물들이 일으키는 난투극을 조금 떨어진 안전지대에서 바라보는 것 또한 독서의 즐거움 중 하나다.

《카라마조프가의 형제들》과 같은 대작은 독자의 해석이나 감상도 다양하게 나뉜다. 둘째인 이반에게 공감하는 독자도 있고, 셋째인 알렉세이에게 공감하는 독자도 있다. 인물의 언행을 둘러싸고 찬반양론이 나뉘는 경우도 많다. 그만큼 도스토옙스키의 인물 묘사법에 깊이가 있다는 뜻이다.

하지만 깊이 있는 캐릭터가 많이 나오면 이름이나 관계를 외우기가 어려워진다. 누가 누구인지 이해하지 못하면 이야기 전개를 좇기 어려워 도중에 책 읽기를 포기할 가능성도 크다. 애초에 해외 문학은 인물의 이름이 익숙하지 않아서 외우기 힘들다는 난점이 있다. 게다가 러시아 문학은 동일인물이라도 소냐, 소네치카, 도냐, 도네치카처럼 표기가 바뀔 때도 있다.

이 문제를 해결하는 효과적인 방법이 있다. 등장인물의 관계도를 만드는 것이다. 인터넷에서 '카라마조프가의 형제들 인물관계도'를 검색하면 몇 가지가 나올 것이다. 그 검색 내용을 참고해도 좋고 직접 만들어 보면 더 자세히 이해할 수 있게 된다. 읽어 나가면서 새로운 인물이 등장할 때마다 관계도에 추가해 본다. 직접 관계도를 그려봐야 머릿속에서 쉽게 정리가 가능하고 익숙해질 수 있다. 책 표지 안쪽에 그려 두면 잃어버릴 염려도 없다.

등장인물의 관계에 집중하자

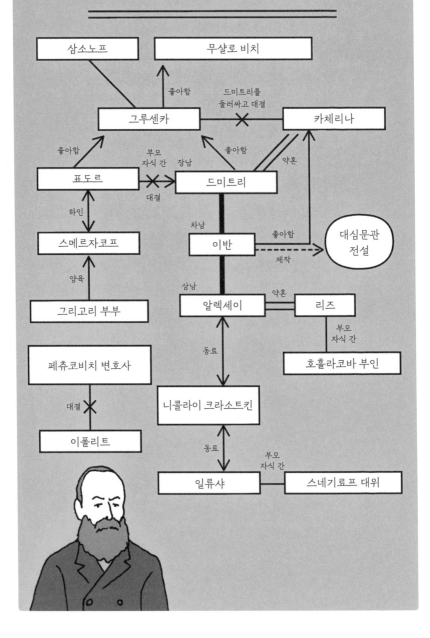

《카라마조프가의 형제들》인물관계도

대화 부분을 노린다

장편 고전 명작은 정경 묘사나 심리 묘사가 뛰어나다. 그런 묘사들이 명작을 명작답게 만들기도 하지만 초심자들에게는 '답답하다'거나 '좀처럼 내용 진행이 안 된다'는 등 마이너스 요소로 작용하기도 한다. 익숙해지기 전까지는 읽는 데 고생할 수 있으므로 책 읽기를 포기하는 원인이 될 수도 있다.

장편 고전을 쉽게 읽기 위해 추천하는 방법이 바로 따옴표가 들어간 대화 부분을 중심으로 골라 읽는 '시나리오 읽기'다. 모든 내용을 완벽하게 읽으려 하지 말고 이해하기 쉬운 대화 부분만 읽어도 충분하다고 생각하는 것이다.

평소 생활에서 우리가 나누는 대화는 그리 어렵지 않다. 소설에서도 마찬가지다. 대화 부분은 다른 문장보다 이해하기 쉬운 표현으로 이루어져 있다. 그래서 대화 부분만 골라서 이어 붙여 나가면 당연히 읽기 쉬워진다. 그렇게 어렴풋이 전체 내용을 파악해 보자.

대화 부분을 읽으면 등장인물 간의 인간관계도 이해할 수 있다. 대화 속에 상하관계나 좋고 싫은 감정, 희로애락이 나타나 있기 때문이다. 대화 부분이라 하더라도 생략할 수 있는 부분도 있다.

《카라마조프가의 형제들》에는 주요 줄거리와 관계없는 에피소드가 여럿 존재한다. 모든 에피소드가 재미있으니 모두 다 읽으면 가장 좋지만, 책을 끝까지 다 읽는 것이 최우선일 때는 먼 길처럼 느껴질 수도 있다.

그래서 관계없다고 생각되는 대화는 과감하게 건너뛰며 읽는다. 철저하게 이야기를 좇는 데 전력을 쏟는다. '그렇게 건너뛰며 읽으면 내용을 이해 못 하는 거 아니야?'라고 걱정할 수 있지만 그럴 필요 없다. 우리는 이미 일상적으로 '이야기를 건너뛰는 훈련'을 하고 있기 때문이다.

영화는 어느 시간의 흐름을 편집해 보여 주는 예술 작품으로 주인공의 80년에 걸친 인생을 자르고 이어붙여서 2시간 안에 보여 준다. 그런 영화를 보면서 '어? 이해가 안 되는데'라고 생각하는 경우는 드물다. 실제로는 아주 많은 세월을 편집했지만, 그 이야기를 우리의 머릿속에서 보정해 주기 때문이다.

지하철에서 모르는 사람들끼리 나누는 대화가 귀에 들어올 때가 있다. 처음에는 무슨 이야기를 나누는지 모르지만, 머지않아 '아, 송별회 이야기를 하는 중이구나'라고 깨닫게 된다. 이 또한 대화의 단편 정보를 바탕으로 나머지를 상상해 보정하기 때문에 추측할 수 있는 것이다. 이 보정력을 독서에 응용해 보자. 대화 부분만 골라서 건너뛰며 읽더라도 그사이에 일어난 일을 어느 정도는 상상하면서 유추할 수 있다.

이는 전체 내용을 파악하면서 부분적으로 이해하는 것과 같다. 때로는 중요한 부분을 건너뛰고 읽어서 '어? 왜 이렇게 됐지?'라며 주요 줄거리를 파악하지 못하게 될 때도 있을 것이다. 그럴 때는 몇 페이지 앞으로 가서 다시 찬찬히 읽어 보면 된다. 노력 없이는 주요 줄거리를 파악할 수 없다.

이런 식으로 읽는 동안에 적절히 건너뛰며 읽는 능력과 건너뛰는 부분을 보정하는 능력이 길러지고 읽는 속도도 점점 빨라진다. 그렇게 속도가 빨라지면 장편 고전에 대한 두려움이 점차 사라질 것이다.

건너뛰며 읽더라도 이야기를 좇을 수 있다

　　　　　　　　　　　세 단계 만에 장편 고전도 읽을 수 있다

진척 상황을 확인한다

마지막 3단계는 실전이다. 《카라마조프가의 형제들》과 같은 장편 고전을 읽을 때는 어디까지 읽었는지 세세하게 진척 상황을 관리하는 것이 중요하다. 산을 오를 때 1부 능선, 2부 능선, 3부 능선처럼 고도를 높여 가면서 나아가는 것과 같다.

대학생 즈음 몇백 장이나 되는 답안 용지를 첨삭하는 아르바이트를 했던 적이 있다. 눈앞에 쌓인 대량의 답안 용지를 보고 정신이 아득해졌지만, '5분의 1을 달성했다', '5분의 3까지 해냈다', '앞으로 5분의 1 남았다'라며 전체를 5분할하여 진행했더니 어떻게든 잘 마무리할 수 있었다.

장편 고전도 이와 같은 감각으로 진척 상황을 관리하면서 읽어 나간다. 5분의 1까지 달성하면 다음은 5분의 2를 목표로 삼는다. 5분의 2에 도달하기 직전에 다른 척도로 3분의 1이 넘어가는 순간이 온다.

3분의 1부터 3분의 2까지는 꽤 길게 느껴지지만, 2분의 1이나 5분의 3 지점을 통과했는지 부지런히 확인하면서 계속 읽어 나갈 수 있도록 동기를 유지해 나가자. 10분의 1 정도의 단계에서는 '아직 멀었다'라며 맥이 빠질지 모르지만, 진행되는 동안에 '좋았어', '벌써 이만큼 읽었구나'라는 기분을 만끽할 수 있다. 이 진척 상황의 성취감이 책을 읽어 나갈 수 있는 동기를 높여 준다.

물론 진척 상황 관리의 척도는 사람마다 다르다. '285/500페이지', '달성률 58%'처럼 세세히 확인하는 것이 본인에게 맞다면 그런 방법을 써도 된다. 또 매일 읽은 페이지를 스마트폰 카메라 등으로 찍어서 페이스북이나 트위터 등에 올리면 의욕이 생긴다는 학생도 있으니 참고하기 바란다.

진척 상황을 알면 의욕이 생긴다

책을 읽는 기간도 빼놓을 수 없는 포인트다. 83페이지에서 '30분 한 권 승부'를 알려 줬지만, 《카라마조프가의 형제들》, 《안나 카레니나》 등의 장편 고전을 30분 만에 읽기는 힘들다.

이러한 장편 고전은 3개월이라는 긴 기간을 설정하여 느긋하게 읽어 보자. 예를 들어 《카라마조프가의 형제들》은 보통 두세 권으로 구성되어 있어서 한 달에 한 권씩 읽기에 좋다. 한 달에 한 권이므로 하루에 읽어야 할 페이지 수를 나눌 수 있다. 그것을 아침저녁으로 출퇴근하거나 통학하는 버스 또는 자투리 시간, 주말의 많은 시간을 활용해서 읽는다. 예를 들면 《카라마조프가의 형제들》 1권은 총 600여 페이지가 있는데 이를 30일로 나누면 매일 20여 페이지씩 읽어야 한다는 사실을 알 수 있다. 매일 조금씩 장편을 읽는 즐거움도 상당히 크다.

이상적인 방법은 봄, 여름, 가을, 겨울에 맞추는 것이다. 이렇게 하면 나중에는 좋은 추억으로 남길 수 있다. '2019년 봄은 카라마조프로 시간을 보냈었지', '그해 겨울은 안나 카레니나와 함께 했었네'처럼 독서와 계절을 묶어 추억을 만들어 보자.

여기에 장소도 더해서 '독서와 계절과 장소를 묶으면 더 깊은 독서의 맛을 느낄 수 있다. '그러고 보니 29세 겨울, 저 카페에서 카라마조프를 매일 읽었었지', '독서의 계절인 가을에 저 공원의 벤치에서 안나 카레니나를 읽었지'와 같이 책을 읽었던 계절과 장소의 기억을 하나로 묶으면 그리운 추억으로 바뀐다.

그 장소에 갈 때마다 《카라마조프가의 형제들》의 세계관을 떠올리며 몇 번이고 간접 체험을 할 수도 있다. 그러고 보니 학창 시절에 만났던 어떤 선생님은 연말이 되면 반드시 《카라마조프가의 형제들》을 읽는다고 했었다.

한 계절당 한 권 읽기에 몰두해 보자

세 단계 만에 장편 고전도 읽을 수 있다

리듬감을 이용한다

책을 읽는 동작에는 책장을 넘기는 손의 움직임과 문장을 좇는 눈의 움직임이 있다. 이중에서 손의 움직임을 우선으로 두자. 아무리 두꺼운 장편 고전이라도 이론상으로는 일정한 속도로 책장을 넘기다 보면 끝이 찾아온다. 이 일정한 속도가 중요하다. 눈의 움직임에 맞추면 책장을 넘기는 손이 느려지거나 멈출 수 있다. 따라서 반강제적이더라도 손동작을 우선시해야 한다.

일정한 속도로 손을 움직인다는 생각으로 담담히 책장을 넘기고 그 속도에 눈의 움직임을 맞춰 간다는 느낌으로 책을 읽는다. 책장을 넘길 시간이 됐는데 눈이 아직 책장 한가운데 있는 문자를 좇고 있으면 읽는 속도가 너무 느려진다. 그럴 때는 건너뛰어 읽는 문장의 수를 늘려서 눈의 움직임이 빨라질 수 있도록 의식해 보자.

손과 눈의 움직임이 맞는다는 감각을 되도록 빨리 익혀 보자. 그 감각이 책을 읽어 나갈 때의 기본적인 리듬감이 된다. 손이 움직이는 속도를 파악하지 못했을 때는 독서 예정 시간을 페이지 수로 나누면 쉽게 도출할 수 있다. 아주 재미있어서 흥분할 만한 페이지와 마주하면 찬찬히 읽어도 되지만, 기본 속도를 유지하면서 마지막까지 읽어 나갈 수 있도록 의식하자.

지금까지 독서는 필요한 부분만 읽는 것이 중요하다고 설명했듯이 정말로 읽기 힘든 페이지는 빠른 속도로 건너뛰고 읽어도 된다. 그 부분은 보정력을 이용해서 읽어 보자.

하지만 어떻게 해도 눈의 움직임이 손의 움직임을 따라가지 못하는 사람이 있을 수 있다. 그런 사람도 사용할 수 있는 비장의 기술이 있는데 내용을 이해하지 못한 상태에서 책장을 쭉쭉 넘겨 가며 결정적인 장면만 찬찬히 정독하는 기술이다.

《카라마조프가의 형제들》로 예를 들면 마지막에 주인공인 알렉세이와 소년들이 '카라마조프 만세!'라고 말하면서 걸어가

세 단계 만에 장편 고전도 읽을 수 있다

는 결정적인 장면이 나온다. 그 부분을 읽기만 해도 밀려오는 감동을 느낄 수 있다. '앞에 무슨 내용이 있었는지 모르겠지만, 어쨌든 결말이 좋아서 다행이야'라고 생각할 수 있으므로 이 감동을 간직한 채로 시간을 두고 있다가 다시 도전해 보자.

일정한 속도를 지키며 읽어 보자

깨달으며 읽는다

마지막으로 다시 한 번 장편 고전의 매력에 대해 이야기해 보자. 20대 즈음 '나는 능력이 있는데 남들에게 좋은 평가를 받지 못한다'라고 불만을 느끼며 괴롭게 보냈던 시기가 있었다. 그럴 때는 도스토옙스키의 《죄와 벌》을 찬찬히 읽고는 했다.

《죄와 벌》에서는 주인공인 라스콜리니코프가 사회에 원한을 품고 결국에는 살인을 저지르기에 이른다. 처음에는 라스콜리니코프가 타인처럼 느껴지지 않았는데 그가 내가 느끼는 청년기의 우울함을 대변해 주었기 때문이다.

하지만 이윽고 우습다는 생각이 들었다. 그는 나름대로 핑계를 대지만, 결국 애꿎은 사람의 목숨을 앗아가는 바보 같은 존재였기 때문이다. '사회가 나쁘다거나 주변 상황이 나쁘다고 말할 상황이 아니잖아!'《죄와 벌》을 끝까지 읽은 후 이런 생각이 들었다.

《카라마조프가의 형제들》에서는 절망적인 감정에 빠진 알렉세이가 대지에 누워 대지의 위대함을 깨닫는 장면이 나온다. 그 자리에서 일어난 알렉세이는 불굴의 투지를 가지고 부활하며 '그때 나는 바뀌었다', '그렇게 생각했던 스스로가 멀게 느껴진다'고 말한다. 이처럼 알렉세이의 에피소드를 읽다 보면 인간이 바뀔 수 있음을 확신할 수 있다.

장편 고전에는 소름 끼칠 정도로 보편성이 있다. 방종하게 행동하거나 실수를 범하는 행위도 포함하여 '살아있다는 것은 그런 것이구나'라고 생각하게 만든다. 장편 고전을 읽으면 인생의 계단을 한 단계 오른 것과 같은 기분이 든다. 장편 고전 한 권을 끝까지 읽고 나서 마치 봇물 터지듯 많은 책을 읽을 수 있게 되어 많은 계단을 올라갈 수 있기를 바란다.

장편 고전에서 많은 보편성을 배우자

마치는 글

이 책을 통해 책 읽기에 대해 어느 정도 깨달았기를 바란다. 지금까지는 책 읽기를 힘들어했어도 '책을 읽는 데 다양한 방법이 있구나'라는 생각을 하게 되었다면 이제는 걱정할 필요가 없다. 앞으로는 계속해서 좋아하는 책을 찾아 보고 독서를 즐길 수 있게 될 것이다.

AI(인공지능)가 인간의 일을 대체할 시대가 머지 않았다는 말이 있다. 특정 직종에 종사하는 사람 중 거의 절반이 AI로 대체될 것으로 예측하고 있다. 그런 시대에 아날로그 독서는 시대에 뒤떨어진다고 생각할지도 모른다. '열심히 책을 읽어 지식을 쌓는다니 의미 없는 행동이잖아. 인터넷에 검색하면 금방인데'라고 생각할지도 모른다. 하지만 그것은 큰 오산이다.

앞으로 본격적으로 도래할 AI 시대의 무기는 창의력이라고 한다. 창의력은 곧 새로운 것을 만들어 내는 창조력을 말한다. 다시 말해 생각하는 힘, 혁신적인 힘이라고도 할 수 있다.

우리나라는 생산 제품의 높은 품질을 자랑하는 수출 대국으로 발전해 왔지만, 이제는 단순히 좋은 물건을 만들기만 해서 잘 팔리는 시대는 지났다. 제품도 서비스도 고객이 무엇을 원하는지를 상상하여 지금은 존재하지 않는 무언가를 창조해내지 않으면 글로벌 경쟁에서 뒤처지게 된다.

직장인은 AI에게 일자리를 빼앗기거나 AI에게 이용당할 수도 있다. 그런 AI 시대에서 무기가 될 수 있는 창조력은 책을 통해 단련할 수 있다. 독서란 단순히 지식을 쌓는 도구가 아니라 창의적인 행위를 의미한다.

책을 읽고 이해하지 못한 부분이 있더라도 스마트폰처럼 인터넷에서 정답을 검색할 수는 없으므로 자신의 머리로 생각해서 정답을 찾아야 한다. 그 과정에서 창의력이 단련되는 것이다. 인정과 같은 공감 능력은 AI로 대체하기 힘들다고 하는데, 영화 원작이나 소설의 '심리 묘사'를 상상해 보면 공감 능력은 기를 수 있다.

알지 못하는 부분은 스마트폰으로 인터넷 검색하면 해결할 수 있을지 모르지만, 그렇게 해서는 창의력도 공감 능력도 기를 수 없다. 꼭 독서를 통해 앞으로 다가올 시대에 필요한 무기를 준비하기 바란다.

이렇게 책을 쓸 수 있었던 것도 지금까지 읽었던 수많은 책 덕분이다. 독자 여러분이 많은 책과 만나고 그 많은 책을 끝까지 읽고 책에 관해 즐겁게 이야기할 수 있기를 진심으로 바란다.

마지막으로 이 책이 세상에 나올 수 있도록 도와주신 다이아몬드사의 사이토 준 씨와 와타나베 넨다이 씨에게 감사의 말을 전하고 싶다.